JN334263

見学！
日本の大企業
セコム

編さん／こどもくらぶ

ほるぷ出版

はじめに

　会社には、社員が数名の零細企業から、何千・何万人もの社員が働くところまで、いろいろあります。社員数や資本金（会社の基礎となる資金）が多い会社を、ふつう大企業とよんでいます。

　日本の大企業の多くは、明治維新以降に日本が近代化していく過程や、第二次世界大戦後の復興、高度経済成長の時代などに誕生しました。ところが、近年の経済危機のなか、大企業でさえ、事業規模を縮小したり、ほかの会社と合併したりするなど、業績の維持にけん命です。いっぽうで、好調に業績をのばしている大企業もあります。

　企業の業績が好調な理由のひとつは、独創的な生産や販売のくふうがあって、会社がどんなに大きくなっても、それを確実に受けついでいることです。また、業績が好調な企業は、法律を守り、消費者ばかりでなく社員のことも大切にし、環境問題への取りくみや、地域社会への貢献もしっかりしています。さらに、人やものが国境をこえていきかう今日、グローバル化への対応（世界規模の取りくみ）にも積極的です。

　このシリーズでは、日本を代表する大企業を取りあげ、その成功の背景にある生産、販売、経営のくふうなどを見ていきます。

★

　みなさんは、将来、どんな会社で働きたいですか。

　大企業というだけでは安定しているといえない時代を生きるみなさんには、このシリーズをよく読んで、大企業であってもさまざまなくふうをしていかなければ生き残っていけないことをよく理解し、将来に役立ててほしいと願います。

　この巻では、安全・安心のためのシステムやサービスを提供し、日本のトップ企業から世界に発展するセコムをくわしく見ていきます。

目次

1 セコムがつくる安全・安心 …………………………… 4
2 「日本警備保障」の船出 ……………………………… 6
3 創業期の物語 …………………………………………… 8
4 SPアラームの開発 …………………………………… 10
5 「セコム」の登場 ……………………………………… 14
6 オンラインセキュリティシステムが海外へ ………… 16
7 ホームセキュリティの開始 …………………………… 18
8 メディカル事業がスタート …………………………… 20
9 「安全・安心」がキーワード ………………………… 22
10 「おばあちゃんが見つかった!」 …………………… 24
11 防災と地理情報サービスの取りくみ ………………… 26
12 安全・安心を未来へつなげる ………………………… 28
13 セコムのCSR活動 …………………………………… 30

資料編❶ 安全技術の開発にかける ……………………… 34
資料編❷ 過去から未来へ ………………………………… 36

◆もっと知りたい！ 警備員の仕事とオンラインセキュリティシステム …… 12
◆もっと知りたい！ 緊急対処員のいま …………………… 33
● さくいん ………………………………………………… 38

信頼される安心を、社会へ。
SECOM

1 セコムがつくる安全・安心

セコムは、警備サービス業で日本一の規模とシェア*をほこる。
社会に役立つ事業をおこなうという、創業以来の理念を誠実に実行し、
いまでは防災・医療・保険・情報通信などの分野でも、
人びとの生活に役立つシステムやサービスを提供する会社となっている。

*ある商品の販売やサービスが、一定の地域や期間内でどれくらいの割合をしめているかを示す率。

警備のわくをこえて

セコムは、1962（昭和37）年の創業以来、オフィスや家庭の安全を守る警備サービス業の会社として、日本でもっとも長い歴史とトップシェアをほこる企業です。また、革新的な事業にいどみつづけることでも知られています。警備員を派遣する警備業からはじまり、企業や家庭・個人の安全と安心を守るセキュリティサービスへと発展し、そして近年では、防災、医療、保険、情報通信などの分野でも、社会にとって有益なシステムやサービスを総合的に提供しています。

"ALL SECOM"のネットワーク

セコムには現在、グループ会社もふくめて次のような7つの分野の事業があり、全体がネットワークとなって、おたがいの事業をささえあう体制ができています。

2010（平成22）年には、グループの総力の結集を"ALL SECOM"と宣言し、国内と海外のすべてのグループ企業の力を総合的に高めようとする取りくみをはじめました。

- **セキュリティ事業**：常駐警備やオンラインセキュリティシステム(→p10)によって、企業や家庭を守る。
- **防災事業**：企業や家庭のほかに、工場施設やトンネル、船舶などに防災システムを提供する。
- **メディカル事業**：医療・介護・健康の分野で、総合的な健康・医療サービスを提供する。
- **保険事業**：セキュリティに連動する火災保険やがん保険などを提供する。
- **地理情報サービス事業**：高度な品質の地理情報を提供する。
- **情報通信事業**：情報セキュリティと大規模災害の対策をたてる。
- **不動産事業**：安全・安心を追求した住まいを供給する。

▶ セコムの緊急対処員(→p13)とビートカー。セコムでは、緊急対処員を「ビートエンジニア」（英語で「巡回区域をもつ技術者」という意味）とよんでいる。

見学！日本の大企業 セコム

●事業別売上高（2014年度）

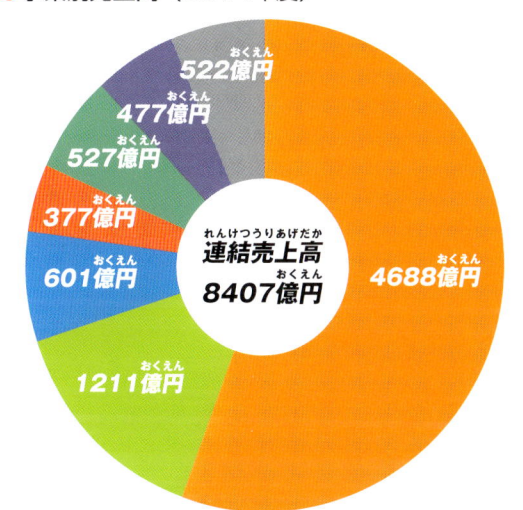

- セキュリティ事業 4688億円
- 防災事業 1211億円
- メディカル事業 601億円
- 保険事業 377億円
- 地理情報サービス事業 527億円
- 情報通信事業 477億円
- 不動産・そのほかの事業 522億円

連結売上高 8407億円

2014（平成26）年の段階ではまだ、セキュリティ部門の売上が全体の半分以上をしめていますが、それぞれの事業の割合もふえてきています。

気候の変化のため集中豪雨が多くなったり、2011（平成23）年3月に発生した東日本大震災のあと、日本各地で大きな地震が発生する可能性が高まったりするなど、災害がひんぱんにおきるようになっているいま、防災事業や、地理情報サービス事業が注目をあびています。さらに、超高齢社会にともないメディカル事業の必要性も高まっています。

あらゆる場面で活躍

千葉県の成田国際空港、京都府の清水寺、福岡県のJR博多シティ、これらはどれも、セコムのセキュリティシステムがそなえられている施設の一例です。また、東京オリンピック（1964年）や大阪万国博覧会（1970年）などの大きなイベントなどでも、セコムの警備システムは確かな実績を残してきました。企業向けオンラインセキュリティシステムの開発（→p10）をへて、家庭を24時間体制で守る安全システム「セコム・ホームセキュリティ」（→p18）は、発売から30年以上を経過し、2014（平成26）年9月の段階で契約件数が100万件をこえています。ホームセキュリティのステッカー（→p14）は、安全と安心の象徴といえるほど、社会に認められています。

▲成田国際空港（上）、清水寺（中）、JR博多シティ（下）。どの施設にもセコムのセキュリティシステムが導入されている。

2 「日本警備保障」の船出

どこにもない独自のビジネスをめざしていたふたりの若者が、警備という仕事に出あい、日本初の警備会社を創業した。社会に貢献するという高い理想をかかげたが、現実はきびしく、ほとんどゼロからのスタートとなった。

警備業との出あい

セコムは、飯田亮と戸田壽一のふたりによって創業されました。飯田は1956（昭和31）年に大学を卒業したのち、家業の酒問屋で営業マンとしてはたらき、毎日取引先をまわって商品を売りこみ、商売について学びました。そのころ、学生時代からの親友だった戸田と、将来独立したいと何度も語りあいました。

1961（昭和36）年、ふたりはヨーロッパ帰りの知人から、「ヨーロッパには警備を仕事とする会社がある」との情報をえました。日本ではまだだれもはじめていない業種でした。どうせやるなら、ほかの人がまだ手がけていない仕事をしたいとつねづね考えていたふたりは、その話を聞いて決断しました。それが、わが国最初の警備会社の出発点になりました。

▼飯田亮（右）と戸田壽一（左）。1967（昭和42）年ごろ。

▶創業からの社章。「フクロウ」は、ローマ神話の知恵の象徴、「鍵」は警備の象徴だった。上に書かれていることばはラテン語で、「万人が眠るとき、われらが警備する」という意味。1983年に社章が「SECOM」になってからも、警備員の制服ボタンなどにつかわれている。

独立の5条件

飯田と戸田のふたりが警備業という仕事をはじめて知った当時、日本では夜間、会社を守るために守衛（会社専属の警備員）がいたり、社員が交代で宿直*1をしたりするのがふつうでした。外部の人間に警備をまかせるという発想はまだなく、ノウハウ*2のない分野で事業をおこそうという人もいませんでした。飯田と戸田は、日本にまだない業種という点に可能性を見いだしました。ふたりは以前から、事業で独立するための5つの条件を決めていて、警備業はそれにぴったりあったのです。

❶努力すれば大きくなれる。
❷だれもやっていない。
❸人からうしろ指をさされない（かげで悪口をいわれない）。
❹大義名分*3がたつ。
❺前金*4が取れる。

*1 つとめ先に宿泊して、夜の番をすること。
*2 ものごとのやり方についての知識や技術。
*3 行動のよりどころとなるはっきりした根拠。
*4 商品などを購入するとき、代金を前もってしはらうこと。

見学！日本の大企業 セコム

か月間の前金をふくむ契約方法を考えました。しかし、何の実績もない若いビジネスマンに前金をはらおうとする顧客はなかなかあらわれず、契約第1号を結ぶまで4か月近くかかりました。契約内容はひと晩に4回見まわりをする巡回警備で、料金はひと月約2万4000円。結局、最初の年の契約はこの1件だけでした。

＊買い手に対し、先に品物をわたして、一定の期日内にその代金を受けとる約束をする販売方式のこと。

▲創業の翌年に、本社は東京都千代田区神田のビルにうつった。オフィスはビルの屋上から非常階段をのぼり、エレベーターの機械室のとなりだった。

ふたりは、会社を起業するとき、世界のどこにもない会社にしようという夢をえがいたといいます。

ゼロからのスタートと初期の困難

1962（昭和37）年7月7日、飯田と戸田は日本初の警備会社、「日本警備保障株式会社」（本書では、以降「日本警備保障」）を創業します。「警備保障」ということばは飯田たちが考えたものでした。オフィスは東京タワー近くのビルの2階をかり、29歳で社長になった飯田を、30歳の戸田が常務として支えました。理想にもえたふたりでしたが、警備業という仕事がどのようなもので、顧客である企業とはどのような契約を結ぶのか、手本がなかったため、ほとんどゼロからのスタートでした。それでもさっそく「警務士」（のちの警備員）を募集し、2名を採用しました。最初は自分たちをふくめ、従業員は4名だけでした。

顧客企業との契約は、前金制を原則にしました。飯田は、酒問屋の営業をしていたときに掛け売り＊の代金が回収できずに苦労した経験から、3

セコム ミニ事典
「ため息をつくな、しゃがむな」

飯田亮は1933（昭和8）年に、東京・日本橋馬喰町で、江戸時代からつづく酒問屋の五男として生まれた。小さいころに父や母から、ため息をつくことやしゃがみこむことなど、気持ちがうしろ向きになるようなことをするなといわれてきたことで、前向きで楽天的な性格になったという。また父からは、「まちがった商売はかならずだめになる」との教えも受けた。1945（昭和20）年8月に第二次世界大戦が終わると、戦争中は敵国としてしりぞけたアメリカの文化を、手のひらをかえすように積極的に取りいれるといった、社会の価値観の大きな転換を見て、物事の本当の価値を自分自身で考える習慣が身についたという。これらはすべて、のちに事業をおこしてからの基本となった。

▶日本警備保障をスタートしたころの飯田亮（1965年ごろ）。

3 創業期の物語

日本初の警備会社としてスタートした当初は、巡回警備と常駐警備が業務のすべてだった。新しい事業ならではの苦労も多かったが、オリンピックのような大イベントで警備を依頼されるなど、いくつかの幸運もあった。

巡回警備と常駐警備

日本警備保障の業務は、巡回警備からスタートしました。巡回警備とは、夜間、派遣された警備員が契約者の建物を3〜5回巡回し、建物内を点検するサービスです。一時は急速に契約数をのばしましたが、その後、1966（昭和41）年に開発した「SPアラーム」（→p10）の契約がのびてきたため、1970（昭和45）年にはあえて巡回警備を中止して、その後はオンラインセキュリティシステムに切りかえました。

また、創業期に常駐警備もはじめました。常駐警備とは、警備員が建物につねにとどまっておこなう警備サービスです。いまでも、空港などの公共施設や、大規模な商業ビル、工場などといった場所では、常駐警備の契約が数多くあります。巡回警備も常駐警備も、ほかの人の財産や重要な情報などもおかれる施設を警備する重大な責任があるため、警備員（従業員）にはきびしい規律と自己管理が求められていました。

▼日本警備保障創業当初の社員全員。後列左から戸田壽一と飯田亮。

▲東京の国際見本市会場で、常駐警備をおこなったときの記念撮影。1963（昭和38）年。

規律を維持するために

日本警備保障を創業後、社長である飯田亮はみずからが営業にまわるなどして、前金制（→p6）についての理解も少しずつえられるようになりました。1963（昭和38）年には大手デパートと常駐警備の契約を結び、当時東京・晴海にあった東京国際見本市会場でも、50日間の常駐警備という契約を結ぶことができました。

しかし順調に事業が進みはじめたころに、警備員の規律違反問題がいくつかおこりました。ひとつは、ある警備員が施設に出入りする業者から、本来は必要のない入場料として100円を受けとったことでした。規律をたもつ重要性を感じていた飯田は、すぐにこの警備員をやめさせました。小さな規律違反を見のがせば、全体のモラル（道徳意識）が下がり、会社の信頼と信用が一気になくなってしまうことを飯田は理解していました。このような事件が何度かつづいたときは、倒産も覚悟したといいます。しかしこの経験は、その

見学！日本の大企業 セコム

後、規律をもっとも重視する会社の姿勢につながりました。

東京オリンピックを警備する

警備の契約件数ののびがそれほど見られないなか、創業翌年の、1963（昭和38）年に絶好のチャンスがおとずれました。1964（昭和39）年10月に開催される予定の東京オリンピック（第18回夏季オリンピック東京大会）における選手村の常駐警備を、オリンピック組織委員会から依頼されたのです。最初は、短期間のイベントのために多くの従業員をやとって、終わったあとの仕事が確保できるかどうか心配だったといいますが、そこで引きうけると決断したことがのちの幸運に結びつきます。警備をはじめると、テレビや新聞が取材におとずれ、社名と仕事の内容が広く知られるようになりました。警備は選手村だけでなく、いくつかの競技会場も担当しました。オリンピックで割り当てられた業務を無事故で完了したことから、その後、ホテルなどをふくめた契約件数が急増しました。その年の終わりには、社員数も100名をこえました。

▲テレビドラマ「ザ・ガードマン」の出演者（左の5人）と飯田亮（中央右）。

テレビドラマ「ザ・ガードマン」

東京オリンピックにつづいて、日本警備保障にとってビジネスの追い風になったのが、1965（昭和40）年4月からはじまったテレビドラマ、「ザ・ガードマン」でした。オリンピック直後に、あるテレビ番組制作会社から、会社をモデルにした番組をつくりたいとの依頼があったのです。企画では「東京用心棒」というタイトルでしたが、清潔で親しみやすいイメージをねらって、タイトルを変更しました。約7年つづいた番組は最高視聴率40％以上という人気番組となり、ドラマに登場する警備車に創業以来のフクロウと鍵の社章（→p6）がそのままつかわれるなどして、日本警備保障の知名度が一気にあがりました。

▼東京オリンピックの選手村で常駐警備をおこなった。

4 SPアラームの開発

日本警備保障は、時代に先がけて、オンラインセキュリティシステムの「SP*1アラーム」を開発した。その効果ははやい段階で認められ、その後、銀行などいっそうの安全が求められる施設でも取りいれられた。

▲最初の「SPアラーム」のコントローラー。

日本初のオンラインセキュリティシステム

東京オリンピック（→p9）以降、警備の契約数が急増しましたが、巡回警備や常駐警備のために必要な従業員がどんどんふえていくことが問題になりました。そこで、監視など、機械でできることは機械におきかえて、人間は状況を判断するなどの得意分野をおこなうようにしようと考えました。それが、1966（昭和41）年発売の「SPアラーム」でした。

SPアラームは、通信回線につながったシステムにより警備をおこなう、日本初のオンラインセキュリティシステムでした。建物に不審者が侵入したり火災が発生したりすると、センサー*2が発見し、制御器（コントローラー）がコントロールセンター（→p13）に異常を知らせ、コントロールセンターからの指示で現場に緊急対処員（→p13）がかけつけ、警察や消防にも連絡します。緊急対処員が待機する施設の「緊急発進拠点」は、全国に2830か所もあります（2014年9月現在）。このSPアラームの基本的なしくみは、現在のオンラインセキュリティシステムに引きつがれています。

SPアラームの最大のポイントは、異常を知った緊急対処員がかけつけるという独自のサービスでした。センサーからコントロールセンターに情報が送られるという警備システムは、ヨーロッパやアメリカにすでにありましたが、機械だけではなく、緊急対処員と組みあわせて契約者の安全を守る商品となった、SPアラームの画期的なサービスは、後年、欧米のセキュリティ先進国に逆輸入され、販売されることとなります。

連続殺人犯の逮捕につながる

SPアラームはその後、ある事件の解決に役立ったことで、効果が証明されました。

1969（昭和44）年4月、その前の年に発生した連続殺人事件の犯人が、SPアラームが取りつけられたビルに侵入。異常信号を受信したコントロールセンターからの指示で日本警備保障の緊急対処員がかけつけ、連絡を受けて出動してきた

▲初期のコントロールセンター。

*1 "Security Patrol"（安全パトロールの意味）の頭文字。
*2 温度・圧力・光などの変化を検出する装置。

見学！日本の大企業 **セコム**

▼殺人犯逮捕のきっかけをつくった警備員たちと語りあう飯田亮社長（右にすわっている人物）。1969（昭和44）年。

警察によってまもなく逮捕されたのです。逮捕のきっかけをつくったSPアラームは、新聞やテレビ番組でもとりあげられて、社会に大きく認められました。

巡回警備の打ちきり

SPアラームが社会に受けいれられはじめた時期に、日本警備保障は、「巡回警備を打ちきる。常駐警備はふやさない。今後はSPアラーム1本でいく」という大きな方向転換をしました。社長の飯田はさらに、SPアラームの可能性を信じて、常駐警備の契約料を1.5倍に値上げするという大胆な変更を決断しました。しかし、当時は巡回警備も常駐警備も契約数がまだのびていた時期で、役員をはじめ従業員たちはおどろきました。

最終的に、巡回警備の契約者の7割はSPアラームへの切りかえを受けいれ、残りの3割は解約しました。その段階で約2000件だったSPアラームの契約数は、翌年には5000件になりました。

CDセキュリティパックとCSS

SPアラームに関連した、機械化によるオンラインセキュリティシステムに、「CD[*1]セキュリティパック」があります。銀行の現金自動支払機は、とくに夜間や休日の防犯が問題とされていました。1974（昭和49）年4月に日本警備保障が、アメリカの銀行と提携して開発・発売したCDセキュリティパックは、日本初のCD安全管理システムとして注目を集めました。その特長は、異常を感知したときに緊急対処員がかけつけることにくわえ、開店時にはとびらを開けて照明をつけ、閉店時にはアナウンスを流し人がいないことを確認してからとびらを閉めるなど、すべてを自動でおこなうことでした。

さらに翌1975（昭和50）年3月には、世界初のコンピューターによる警備システムであるCSS[*2]を稼働。SPアラームは問題が発生したときにコントロールセンターの異常ランプを点灯させ、発生場所を特定するものでしたが、CSSはそれをコンピューターで集中管理し、コンピューターの画面に異常発生時刻や契約者の名称、さらにその内容などを表示できるようにしたものです。これによって、安全性と業務の効率が大はばにアップしました。

[*1] CDは"Cash Dispenser"の頭文字、銀行の現金自動支払機のこと。いまは現金の預け入れ、引き出しなどができる、ATM（現金自動預け払い機）が中心となっている。

[*2] "Computer Security System"の頭文字。

▼世界初のCSS開通記念式典のようす（1975年）。中央は飯田社長。

もっと知りたい！
警備員の仕事とオンラインセキュリティシステム

現在のセコムの警備事業における常駐警備員と現送警備員＊の
はたらきと、オンラインセキュリティシステムにかかわる
緊急対処員の役割を見てみましょう。

＊現金を護送する業務にたずさわる警備員。

常駐警備員

　1962（昭和37）年の日本警備保障創業（→p7）当時からつづく常駐警備では、専門の訓練を受けた常駐警備員が施設に常駐して、防犯・防災・設備監視などのセキュリティサービスをおこないます。現在の契約先には、空港、超高層ビル、金融機関、公共施設、工場、大学などがあります。

●常駐警備員のおもな仕事

(1) 立哨
施設入口などの定位置に立ち、周囲を警戒する。緊急時に対処するだけでなく、犯罪を未然に防ぐ役割もある。

(2) 巡回（常駐警備の一部としておこなう）
施設内を巡回・点検することで、防犯・防災面で異常がないか、危険の前ぶれをいちはやく発見する。

(3) 防災センターでの異常監視
施設の防災センターに常駐し、防犯・防災設備について異常がないか監視する。異常発生時には、巡回している警備員にすみやかな対処を指示し、施設内にいる人たちの安全を確保する。

(4) 出入管理
契約者にかわって、施設来訪者の入館手続きなどをおこなう。不審者の侵入を防ぐほか、契約先の顔としてていねいに対応するマナーが求められる。

現送警備員

　セコムでは1967（昭和42）年に独自の現金護送車を完成させ、日本初の銀行向け現金護送サービスをはじめました。「輸送」でなくあえて「護送」としたのは、契約者の財産を守るために警戒をおこたらず、目的地まで運ぶことが使命だからです。セコムの現送警備員は、特殊車両をつかって現金などの財産を運ぶプロフェッショナルとして、金融機関や郵便局、コンビニなどにあるATM（現金自動預け払い機）のサービスをささえています。

▼安全・確実・迅速に、質の高い現金護送サービスの提供につとめる現送警備員。

▲常駐警備員がそれぞれの施設ではたらくようす。

見学！日本の大企業 セコム

コントロールセンター

セコムのオンラインセキュリティシステムが効果的にはたらくための重要なポイントのひとつがコントロールセンターで、センサーなどから発信する異常信号を最初に確認するのが、コントロールセンターの管制員です。「SPアラーム」(→p10)から発展した「セコム・ホームセキュリティ」(→p18)や「ココセコム」(→p24)などの最新のシステムにいたる、セコム方式(→p16)を基本とした安全管理システムからの信号を受信した管制員は、緊急対処員に指示をあたえたり、必要に応じて警察や消防に通報したりするなど、冷静で的確な状況判断が求められます。

● セコムオンラインセキュリティシステムのしくみ

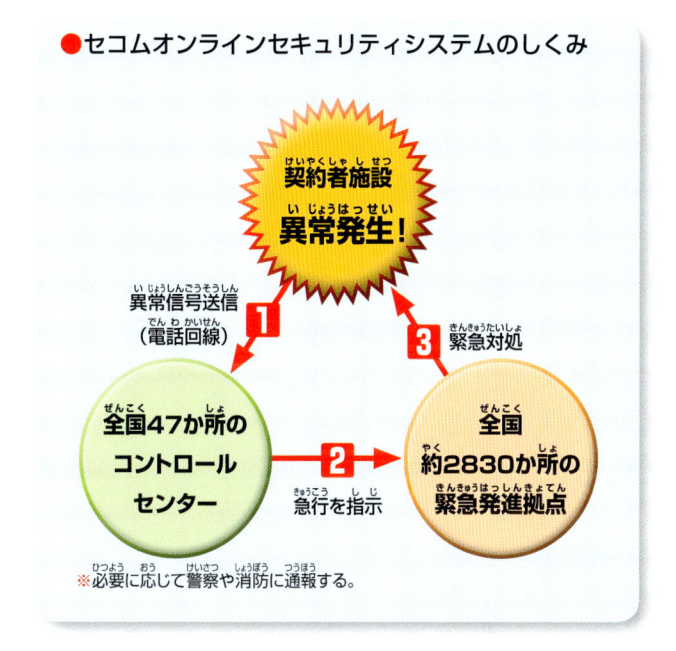

契約者施設
異常発生！

1 異常信号送信（電話回線）
全国47か所のコントロールセンター
2 急行を指示
全国約2830か所の緊急発進拠点
3 緊急対処

※必要に応じて警察や消防に通報する。

緊急対処員

緊急対処員は、安全で安心な生活を守るために高度な訓練をつんで技術をみがき、オンラインセキュリティシステムを現場でささえる、セキュリティのプロフェッショナル（専門家）です。緊急対処員は、日本全国で約2830か所の緊急発進拠点につねに待機し、どろぼうの侵入や火災、救急などの異常信号に、迅速で的確な対応をします。近年では、業務内容にセキュリティ機器の保守点検などもくわわり(→p33)、あらゆる面から契約者の安全を守るためにはたらいています。

▲コントロールセンターで異常信号を受信してから、すばやい行動がはじまる。

▶問題がおこった現場にかけつける、セコムの緊急対処員。

13

5 「セコム」の登場

日本警備保障は、警備専門の会社から時代を先どりし、情報通信ネットワークをもとにした革新的なサービスを展開する。その後、社会にとって有益なシステムを提供するため、社名を「セコム」とあらためた。

ネットワーク社会を先どり

SPアラーム(→p10)が本格的に普及するようになった1970年代（昭和45年～）、企業の契約数の増加に比例して、専用回線[*1]もふえてきました。あるとき契約先の企業から、「警備に使用している専用の通信回線を警備以外にもつかえないか」との相談がありました。セコムの専用回線に信号が流れるのは、警備に異常があるときに発するせいぜい10秒か20秒ほどで、あとは回線がつかわれていませんでした。そのころ社内では、SPアラームに必要な専用回線を多く保有することで、将来、社会に大きな影響をあたえる可能性がたびたび会議に取りあげられました。「ネットワーク社会」ということばがなかった時代に、すでに企業や家庭と情報通信のオンラインサービスを展開して、のちの高度情報化社会[*2]を先どりしたとして、セコムはさまざまな業界から注目されました。

[*1] 特定の顧客専用の有線・無線通信のための回線。
[*2] 情報が、物質やエネルギーと同じような価値をもつ資源となり、その価値を中心に社会・経済が発展していく社会のこと。インターネットによる情報の交換などが、その代表的な例。

▲セキュリティ契約企業や、ホームセキュリティ契約家庭がはるステッカーのデザイン。

警備から「セコム」へ

1970年代前半、SPアラームが社会に普及しはじめた段階では、セコムの社名はまだ「日本警備保障」でしたが、1973（昭和48）年2月、「セコム（SECOM）」という新しいブランド[*3]を制定し、その後「セコム・ホームセキュリティ」などの商品に使用するようにしました。「セコム」は"Security Communication"[*4]を略した造語で、「人と科学の協力による新しいセキュリティ」を象徴するものとされました。その後10年間は「セコム」をブランドとしてつかいましたが、1981（昭和56）年、日本ではじめての家庭用セキュリティシステムを発売する(→p18)など、SPアラーム以降、革新的なセキュリティサービスを次つぎに創造するのにともなって「セコム」という名称が社会的に認知されるようになると、1983（昭和58）年12月1日づけで社名も「セコム株式会社」へと変更しました。

[*3] 製品につける名前、あるいは名前がついた製品そのもののこと。一般的に、ほかと区別できる特徴をもつ、価値の高い製品のことをさす場合が多い。
[*4] 日本語の意味は、「安全についてのコミュニケーション」。

見学！日本の大企業 セコム

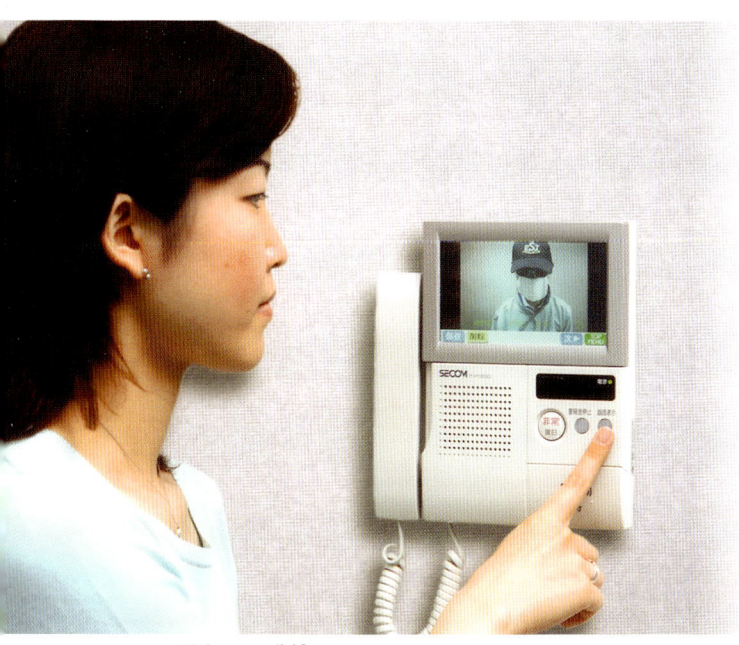

▲「セコムMS-3」を利用するようす。

マンション用セキュリティシステムを発売

　セコムは1987（昭和62）年8月、マンション用のセキュリティシステム、「セコムMS-1」を発売。さらに翌年1月には、それぞれの住戸に「セコム・ホームセキュリティ」を組みこんだ、「セコムMS-2」を発売しました。この時期に日本では、マンションなどの集合住宅が数多く建築され、それにともなってどろぼうの侵入や強盗事件があいついでいたため、犯罪防止をおもな目的として開発したものでした。その後もMSシリーズは進化し、2003（平成15）年には、さまざまな機能をまとめた「セコムMS-3」を発売しました。「セコムMS-3」には、マンション生活の安全・安心を守る、いくつかの特長があります。

(1) **セキュリティ機能**：侵入・火災・ガスもれ・救急通報などの、異常時の対応のほかに、セコムの看護師が電話で健康相談に応じたり、専門医についての情報を提供したりするオプション＊がある。

(2) **便利機能**：インターホンで訪問者の画像を自動的に録画したり、訪問した人の声を携帯電話などに転送したりできる。

＊選ぶことのできる材料という意味だが、追加注文できる付属品やサービスなどの意味もある。

セコム ミニ事典

生体認証システムの開発

　オフィスやマンションなどに入るとき、不審者の侵入を防ぐセキュリティシステムとして、人間一人ひとりでちがっている指紋をつかって本人確認をおこなう方法が研究されてきた。セコムはこの分野でも日本初の生体認証（指紋照合）システムを開発・発売した。1988（昭和63）年発売の「セサモ-ID」は、アラビアンナイトの「開け、ゴマ」から連想した、スペイン語でゴマを意味する「セサモ」と、身分証明書を意味する「ID」を組みあわせた商品名にした。発売当初はおもに企業の研究所などに採用されたが、その後一般の事務所や商店にも取りいれられ、さらに2002（平成14）年には家庭向けのシステムも発売された。最大で2500人も登録でき、雨や風にあたっても読みとれるなど、機能はどんどん進化している。

◀日本初の指紋照合システム「セサモ-ID」（1988年）。

▼信頼性をまし、より便利になった現在の指紋照合システム、「セサモ-IDs」。

15

6 オンラインセキュリティシステムが海外へ

警備会社から安全・安心をはば広く提供する企業に進化したセコムは、台湾、韓国から、東南アジアやヨーロッパなどへと海外進出をはじめた。

台湾へ

セコムは海外進出をはじめるにあたり、それまで積みかさねてきたノウハウを「セコム方式」としてまとめました。それは、センサーを設置する、24時間365日毎日監視する、異常があったら緊急出動し、必要に応じて消防・警察に連絡する、機器が故障したらすぐに応急処置をしたり交換したりするといった、安全を守るサービスのすべてをおこなうシステムのことでした。

▲台湾・中興保全のコントロールセンター。

最初は、1978（昭和53）年1月に、台湾に合弁*1会社「中興保全」を設立して、セコム方式を導入したオンラインセキュリティシステムを提供しはじめました。しかし創業期は日本と同様、オンラインをつかった監視システムが理解してもらえず、なかなか契約に結びつきませんでした。その後、企業の契約が少しずつふえはじめましたが、利益が出るようになったのは10数年後のことでした。

中興保全は現在、台湾全土に188か所の緊急発進拠点をもち、公共施設、オフィスビル、商業施設、学校、病院から家庭にいたるまであらゆるところの安全を守る、セキュリティ業界のトップ企業となっています。

韓国へ

台湾につづき、1981（昭和56）年3月には、韓国のサムスン・グループ*2との合弁によって、「韓国安全システム」（現在の「エスワン」）を設立しました。その数年前から、サムスン・グループの会長と飯田亮会長とのあいだで韓国進出は決まっていましたが、セコムのシステムは韓国社会のなかでまったく新しいものだったため、スタートまでに時間がかかったのです。会社設立後も、やはりサービスの必要性を企業に理解してもらうことに苦労し、契約数はのびなやみました。1990年代（平成2年〜）になってようやく事業

*1 ことなる国の企業が事業をおこなうために、共同で資本を出しあって、ともに経営にたずさわること。

*2 韓国最大の財閥（巨大な資本家・企業家グループ）。

見学！日本の大企業 セコム

▲韓国では、街のいたるところにセコムのステッカーが見られる。

は順調に進みはじめ、現在は首都のソウルを中心に韓国全土に緊急発進拠点が678か所もあり、海外では最大のセキュリティシステムを運営しています。韓国ではセキュリティシステムといえばセコム、というほど、社会に広く浸透しています。

東南アジアへ、中国へ

台湾、韓国につづき、1980年代後半から2000年代（昭和60～平成10年代）にかけて、タイ、マレーシア、インドネシアなど東南アジア諸国にあいついで進出をはたしました。

セコムは、アジア最大の市場である中国でも、ほかのアジア各国と同様に何年も前から市場調査をおこない、防犯に対する関心の高さを感じて、事業進出の時期を見はからっていました。最終的に1992（平成4）年に、日本企業でははじめての認可をえて、北京に「セコム中国有限公司」を設立しました。その後、台湾や韓国と同様の営業の苦労も経験しましたが、北京・上海を中心とした沿岸部、さらに内陸部の都市へもじょじょに進出していきました。現在は中国国内14都市に子会社がもうけられ、緊

▲上海セコムの緊急対処員。

急発進拠点は120か所を数えます。世界最多の人口をもち、経済発展がつづく中国においては、今後もいっそうの事業展開が見こまれます。

ヨーロッパへ、オセアニアへ

ヨーロッパへの初進出はイギリスで、1996（平成8）年1月にセコムPLC*を設立しました。イギリスはセキュリティ事業の先進国でしたが、ほとんどはセンサーなどの機器を販売して設置するだけで、緊急対処員がかけつけるサービスはありませんでした。そこでセコムは、セコム方式による安全・安心をアピールしてじょじょに事業を拡大しました。

その後、2007（平成19）年に、セキュリティ業界のなかで最優秀顧客サービス賞を受賞したことが追い風となって、セコムのオンラインセキュリティシステムの導入が進みました。2011（平成23）年には、イギリスの4大銀行のうちふたつから、計3500店舗の契約を受注しました。現在、イギリスでは業界3番目のセキュリティ会社に成長しています。またその勢いは、オーストラリア、ニュージーランドなどのオセアニアの国ぐにへの進出につながっています。

*PLCとは"Public Limited Company"の略で、日本の株式会社に相当する「公開有限責任会社」のこと。

▼セコムPLCのコントロールセンター。

17

7 ホームセキュリティの開始

オンラインセキュリティシステムを開発してきたセコムにとって、
安全・安心の対象が企業から家庭や個人に広がるのは、当然のことだった。
警備会社から防災・医療へも事業を拡大したセコムは、
高齢者医療や社会設備の問題にもかかわるようになった。

ホームセキュリティ開発の苦労

セコムは、1981（昭和56）年1月、「セコム・ホームセキュリティ」（発売当時は「マイアラーム」）を発売し、日本初となる、家庭用セキュリティシステムという市場の開拓にいどみました。

ホームセキュリティは、「SPアラーム」(→p10)が注目されてきたころの1972（昭和47）年に創業者の飯田亮が、「企業向けのオンラインセキュリティシステムを一般の家庭にも広げ、だれでも安全を買えるようにしたい」と話すほど、つよい思いをもっていたものです。しかし、実際の開発は苦労の連続でした。まず家庭では契約者の在宅時も想定して、家と同時に人も守る必要があります。また火災やガスもれだけでなく、おし売りなどにも対応し、高齢者や子どもでも操作できなければなりません。そのうえ、適切な料金でなければなりません。

さまざまな条件をクリアして販売にこぎつけた後も、困難はつづきました。開発当時は、「日本では水と安全はただ」という考えがまだ根づよくありました。そのうえ、異常信号がコントロールセンターに送られたときいつでも緊急対処員(→p10)が鍵を開けて家に入ることが必要だったため、家の鍵をセコムにあずけることに抵抗感をもつ人も多く、システムの必要性は理解されても、普及が進むまでに10年以上かかりました。発売から30年以上たった現在、社会環境や人びとの意識もかわり、防犯・防火だけでなく、24時間365日見守るという安心感を求める声が高まるなかで、契約件数は100万件をこえました（2014年9月現在）。

▲セコム・ホームセキュリティの原型「マイアラーム」（1981年発売）。

マイドクターの開発

「セコム・ホームセキュリティ」は当初、侵入、火災、非常通報、ガスもれの4つの異常信号を受信して対応するサービスからはじまりました。しかし、サービス開始後に、高齢の顧客が急病を知らせるために非常通報ボタンをおすケースがふえ

見学！日本の大企業 セコム

警備から安全・安心の提供サービスへ

　1982（昭和57）年1月、セコムは「安全産業」元年を宣言。創立20周年にあたり、警備から、より広い意味での安全・安心を提供することを宣言したのです。そのひとつが、原子力発電所についてのシステムでした。セコムは、東京電力、中部電力、関西電力の3社といっしょに、原子力発電所向けのセキュリティ会社をつくりました。その後も経験を積みかさねていき、火力発電所や変電所などにもセキュリティシステムを提供する範囲を広げていきました。

▲ペンダントタイプの「マイドクター」は両側にボタンがついていて、苦しいときに自然とにぎれるようにデザインされている。

てきました。どろぼうの侵入を知らせる異常信号などであれば、コントロールセンターの管制員は110番で警察に通報しますが、火災や救急の場合は119番に通報します。そこで、救急時のための信号をわけることにし、「セコム・ホームセキュリティ」のオプションとして1982（昭和57）年に発売したのが、「マイドクター」でした。特長のひとつは、高齢者に多い心臓発作のときにも通報できるように、通報ボタンを首からかけるペンダントタイプにしたことでした。心臓が苦しいときなどの非常時に胸元のペンダントをにぎれば、救急信号が送信されるしくみです。
　利用者からセコムのコントロールセンターに救急信号が送られると、オペレーターは電話で確認し、必要に応じて緊急対処員を急行させたり、救急車を要請したりするほか、セコムの看護師との電話相談などのサービスを提供します。

セコム ミニ事典

「セコム、してますか？」

　1990（平成2）年5月、プロ野球読売ジャイアンツの元監督、長嶋茂雄氏が「セコム、してますか？」と語りかける、「セコム・ホームセキュリティ」のテレビコマーシャルがはじまった。じつは長嶋氏のテレビコマーシャルへの出演は、彼が現役のプロ野球選手であった1971（昭和46）年に登場した「SPアラーム」（→p10）がはじめてだった。国民的なヒーローとして人気が高い長嶋氏のセリフによって、このサービスもセコムという社名も認知度がいっそう高まった。

▼長嶋氏が起用されたポスター。長嶋氏は長年にわたって、セコムのコマーシャルキャラクターをつとめ、イメージアップに貢献してきた。

信頼される安心を、社会へ。
SECOM

セコム、してますか？

19

8 メディカル事業がスタート

人びとの健康や命を守ることこそが究極の安全・安心、この考え方をもとに、セコムはメディカル事業に進出した。この分野でもオンラインを効果的に利用しながら、民間の医療事業者として重要な役割をはたしている。

スタートはゼロから

セコムのメディカル事業はゼロからのスタートでした。当初、在宅医療サービスからはじまった事業は、いまでは、病院の運営支援や介護事業など、はば広く展開するようになり、総合的で先進的な医療サービスを民間で独自に提供して高い評価を受けています。社会の高齢化が進むにつれて、セコムグループのはたす役割はますます重要になってきています。

アメリカでの経験から

セコムは、メディカル事業をはじめるにあたって、1988（昭和63）年にアメリカの医療関係の会社を買収して、救急医療と在宅医療について学びました。当時のアメリカでは、救急救命士が救急車のなかで患者に点滴や注射、呼吸の確保や

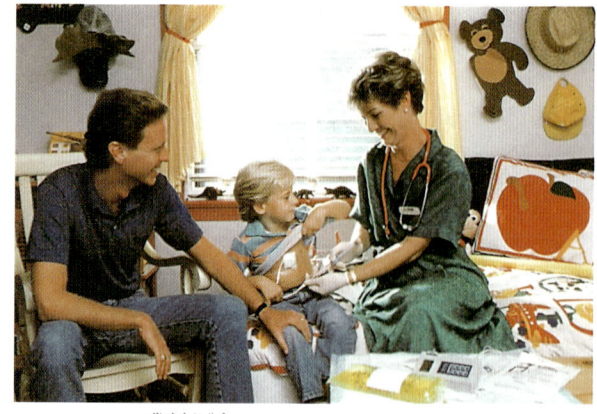

▲アメリカでの在宅医療のようす。

薬剤の投与などの高度な処置をおこなって、患者の救命率を高めていました*。当時そのような救命処置が認められていなかった日本で、心臓停止など1秒をあらそう救命率は2～3％だったのに対し、アメリカでは40％にも達していました。さらに、先進的な在宅医療についても、セコムは多くを学ぶことができました。

民間初の在宅医療サービス

セコムのメディカル事業は、1991（平成3）年に、薬剤提供と訪問看護を柱とする在宅医療サービスからはじまりました。その後、1994（平成6）年に「セコム在宅医療システム株式会社」（現在の「セコム医療システム株式会社」）を設立して、本格的な取りくみをはじめました。

＊日本で救急救命士法が定められ、救命措置がおこなえるようになったのは、1991（平成3）年のこと。

◀1992（平成4）年に東京都世田谷区の久我山病院の運営に参加したのをはじめとして、セコム医療システム株式会社はこれまで19か所の病院と提携して、地域医療に貢献している。

見学！日本の大企業　セコム

▲▶セコムがおこなう訪問看護サービス（上）と、クリーンルーム内での作業のようす（右）。

まず薬剤提供サービスのために、精密機械の製造工場や、手術室などでつかわれている、高度な防塵（ちりをふせぐ）機能をそなえた部屋である、国内最高クラスのクリーンルームをもうけました。そこで調剤された薬剤が、セコム薬局から患者のもとへとどけられています。

訪問看護サービスでは、セコムの在宅医療看護師が利用者を訪問し、24時間365日、医師の指示にもとづく医療処置をおこないます。2000（平成12）年に介護保険[*1]がはじまってからは、各地の訪問看護ステーション[*2]から派遣される看護師による医療処置の内容も、点滴や傷の手当てなどから、酸素吸入や呼吸機能回復訓練などに広がっています。

「セコム・マイドクタープラス」を発売

セコムは、2013（平成25）年4月、高齢者のために救急通報をしてくれる「マイドクター」（→p19）にさまざまな機能をくわえた、「セコム・マイドクタープラス」を発売。通報機能に携帯電話とGPS[*4]機能をくわえて、屋外の救急時でもすばやい対応ができるようにしました。

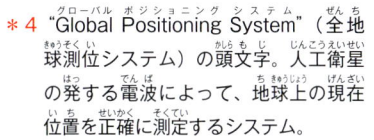

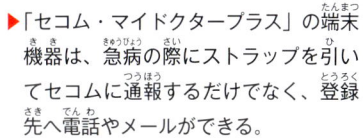

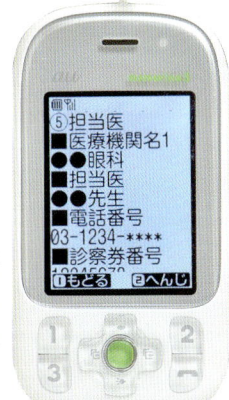

[*4] "Global Positioning System"（全地球測位システム）の頭文字。人工衛星の発する電波によって、地球上の現在位置を正確に測定するシステム。

▶「セコム・マイドクタープラス」の端末機器は、急病の際にストラップを引いてセコムに通報するだけでなく、登録先へ電話やメールができる。

[*1] 社会保険のひとつ。介護が必要な高齢者への在宅サービスや施設サービスの提供を、保険料などによって運営する制度。2000（平成12）年に介護保険法が定められた。

[*2] 2014（平成26）年現在、首都圏、関西圏、名古屋、仙台に計32か所もうけられている。

セコム ミニ事典
セコムのAED

AED（自動体外式除細動器）は、心臓が停止した患者にもちいる救命装置。とくに、心筋（心臓の筋肉）の動きが突然バラバラになり、心臓のポンプ機能がうしなわれる心室細動という病気は、救命できる可能性が1分ごとに10％下がり、いかにはやく救命措置をおこなうかが生死をわけるとされる。心室細動がおきたときは、AEDでつよい電気ショックをあたえて心筋のけいれんをのぞくことがもっとも効果的だといわれる。セコムはAED機器のレンタルサービスや、消耗品の管理、機器の異常を24時間監視するオンラインサービスを提供するなど、緊急時でも確実にAEDが使用できるような支援をおこなっている。

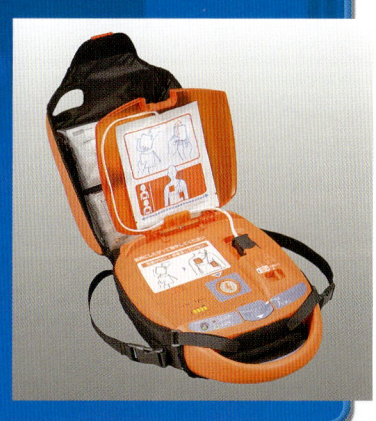

▶セコムのAED。

9 「安全・安心」がキーワード

セコムは、「安全・安心」をキーワードとする、保険事業と不動産事業を展開している。安全ですこやかな生活を求める人びとの思いにこたえるために、社会生活のあらゆる面がサービスの対象となっている。

▶セコムが家を守ってくれる、セコム安心マイホーム保険のイメージ。

安全・安心につながる保険事業

1998（平成10）年9月、セコムは、のちに「セコム損害保険株式会社」となる保険事業をスタートしました。それは、セコムの創業者、飯田亮の念願が実現したときでした。飯田は、セキュリティ事業と保険事業は表とうらの関係だと考えていました。セキュリティ事業は事件や火災を防止するためのサービスなのに対し、保険は事件や火災がおきてしまったときに、損害を補償するためのサービスです。その両方を満たすことが、総合的な安全・安心につながると考えたのです。

▲「セコム安心マイカー保険」の現場急行サービスでは、事故のときに、セコムの緊急対処員がかけつけてくれる。

最初に発売したのは、自動車保険の「セコム安心マイカー保険」で、24時間365日、事故の現場にセコムの緊急対処員がかけつけることが特典となりました。ついで、企業向けの「火災保険セキュリティ割引」、また家庭向けの「セコム安心マイホーム保険」（家庭総合保険）を発売。これらは、セコムのオンラインセキュリティシステムを契約している企業や家庭に対し、危険度の低いところには大はばな保険料の割引を適用するものでした。保険料をおさえるだけでなく、万が一のときに会社や家庭でおきた損害を補償してくれることと、いつでもオンラインでていねいに対応してくれることのメリットもふくめて、このふたつは顧客から高い評価をえています。

セコムのがん保険

セコムは保険事業のひとつとして、2001（平成13）年10月にがん保険を発売しました。現代の日本では、2人に1人ががんになるといわれています。そして、実際にがんにかかった場合、家族が高額な治療費に苦労することも多く見られます。「がんにかかったときに、費用を心配することなく、がんとたたかえる保険がほしい」という人びとのつよい思いにこたえて、セコムはがん保険「メディコム」を発売しました。「どこまでもサポートしつづけます」といいきれる保険をめざしたというこの商品は、次のようなほかに類を見ないサービスで、保険業界をおどろかせたといいます。

見学！日本の大企業 **セコム**

▲「メディコム・コンタクトセンター」で、がん保険についてのさまざまな質問を受けつけている。

(1) 保険がきく診療だけでなく、通常保険がきかない先進医療*¹や自由診療*²なども補償する。
(2) がん治療に実際にかかった費用を補償する。
(3) 入院日数に関係なく、入院治療費を無制限に補償する。

セコムではさらに「メディコム・コンタクトセンター」をもうけて、保険についてのさまざまな質問にこたえたり、全国約250か所の協定病院を案内したりするサービスもおこなっています。

安全なマンション

2000（平成12）年6月、セコムは「セコムホームライフ株式会社」を設立して、住宅産業部門にのりだしました。その最大の特長は、セコムグループの最新セキュリティシステムを導入した、安全・安心な住環境です。

マンションなど多くの集合住宅では、オートロック*³や監視カメラなどがそなえられていますが、さらなる安全を確保するためには、個人でセキュリティシステムなどを契約することが必要です。

▲2012（平成24）年9月に埼玉県越谷市に完成した「グローリオ越谷ステーションタワー」。「グローリオシリーズ」はセコムホームライフが開発したマンションの名称。

セコムが展開するマンションには、はじめからすべてのセキュリティシステムが組みこまれているため、一人ぐらしの人も、家を留守にすることが多い人も、安全・安心なくらしを確保することができます。それぞれの住戸に採用しているマンション用セキュリティシステムでは、防犯・防火・非常・ガスもれ・救急通報により、異常時にはセコムの緊急対処員がかけつけます。また建物自体の高度な耐震性にくわえて、防災倉庫や非常用発電機、浄水器などがそなえられ、地域の防災拠点ともなるように計画されています。さらに、医療事業の一環として電話健康相談が利用できることなどで、セコムのマンションは、ユニークで高品質な安全・安心環境がととのっています。

*1 厚生労働大臣が定めた高度な医療技術をもちいた医療のこと。診察・検査・投薬・入院料などは健康保険で給付される対象となるが、先進医療の技術料は健康保険の給付対象外となるため、全額自己負担となる。
*2 治療に要した費用を、患者がすべて負担する診療。
*3 ドアをしめると自動的に施錠されるしくみ。

▶レンジフード内が約96℃になると消火薬剤を自動的に放射する「トマホークジェットアルファ」。「グローリオシリーズ」のマンションには標準装備される。

10 「おばあちゃんが見つかった!」

企業向けから家庭向けへと、オンラインセキュリティシステムを発展させてきたセコムは、個人向けのシステム「ココセコム」を発売した。ゆくえがわからなくなった人や物をさがすことに絶大な効果を発揮する、画期的なシステムだった。

世界初の画期的なサービス

2001(平成13)年4月、セコムは位置情報提供システム「ココセコム」を発売しました。これは、「ココセコム」の端末機器を装着した人や物がゆくえ不明になったとき、携帯電話の電波とGPS(→p21)を利用してその位置を確認するものです。「子どもの帰りがおそい」「おばあちゃんが見あたらない」「ペットがいなくなった」などとセコムに電話をすると、数十秒で位置が確認され、要請があれば全国約2830か所にあるセコムの緊急発進拠点から、緊急対処員がかけつけます。端末機器と緊急対処員を組みあわせたシステムとしては、世界初といえる画期的なものでした。

「ココセコム」は、発売以来契約件数がふえつづけ[*1]、高齢者や子ども、自動車など、発見事例はこれまで6000件をこえています。また、第1号機を発売したのちも、小型化や、ワンプッシュで緊急通報できる緊急時通報ボタン機能の追加、また防犯ブザーがついた子ども用携帯電話「マモリーノ」との一体化など、機器の進化がつづいています。

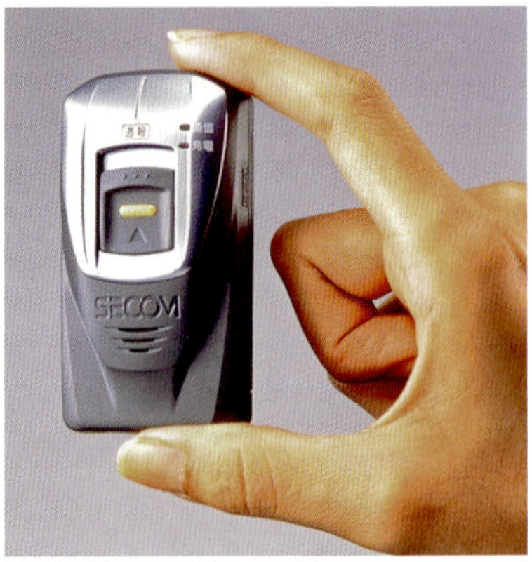

▶位置情報提供システム「ココセコム」の端末機器。中央に通報ボタンがある。

大事な人を見守る

システムを開発したときに考えたのは、すでに高齢社会に入っていた日本でふえてきていた、高齢の徘徊者[*2]をさがす苦労をへらしたいというこ

*1 2014年現在、約100万件。電話やインターネットによる位置情報検索回数は、1日約14万件にのぼる。

*2 認知症などの病気のために、あてもなく歩きまわる人。

● 「ココセコム」のサービスで、位置情報検索から緊急対処員がかけつけるステップ

1 携帯電話やパソコンで「ココセコム」の位置を確認する。 
（どうしてこんなところに! 遠くてすぐに迎えにいけないな……。）

2 自分でむかえに行けないときなどに、セコムに連絡する。

3 ココセコムオペレーションでは状況を確認して、必要に応じて緊急対処員を現場に送る。 
（お母さまはどんな服装ですか?）

4 緊急対処員が現場で対応する。
（無事でよかった!）

見学！日本の大企業 セコム

◀子ども用の機器、「マモリーノ」は、防犯ブザーの機能もあり、親など特定の人と電話もできる。

とと、子どもが連れさられる事件を防止したいということでした。開発した技術者のひとりは、みずからの子どもに試作機を携帯させて、データを集めたといいます。

「ココセコム」の契約者は、自宅のパソコンをつかってインターネットで高齢者や子どもの現在位置をいつでも確認でき、さらに、緊急事態が発生したときには緊急対処員がかけつけることで、二重の安心がえられるといいます。

大事な物を見守る

「ココセコム」が活躍するもうひとつの場面は、なくなった物をさがしだそうとするときです。発売当初によく利用されたのは、オートバイや自動車の盗難対策でした。それまでは、オートバイなどが盗難にあうと、持ち主のもとに無事にもどってくることは困難でした。「ココセコム」が登場したことで、盗難にあってもはやい段階で見つかる事例がどんどん出てきました。

話題になったのは、新幹線のなかで高価な宝石が入ったかばんがぬすまれたケースでした。かばんに装着された「ココセコム」の位置をオペレーションセンターがただちに割りだし、警察に通報。盗難から1時間15分後に犯人が逮捕され、宝石は無事持ち主のもとにもどりました。

セコムはこれまで、企業から家庭向けのオンラインセキュリティシステムを開発してきましたが、「ココセコム」によって個人向けまでサービスのはばが広がったことで、社会生活におけるセキュリティのレベルアップに貢献することにつながりました。

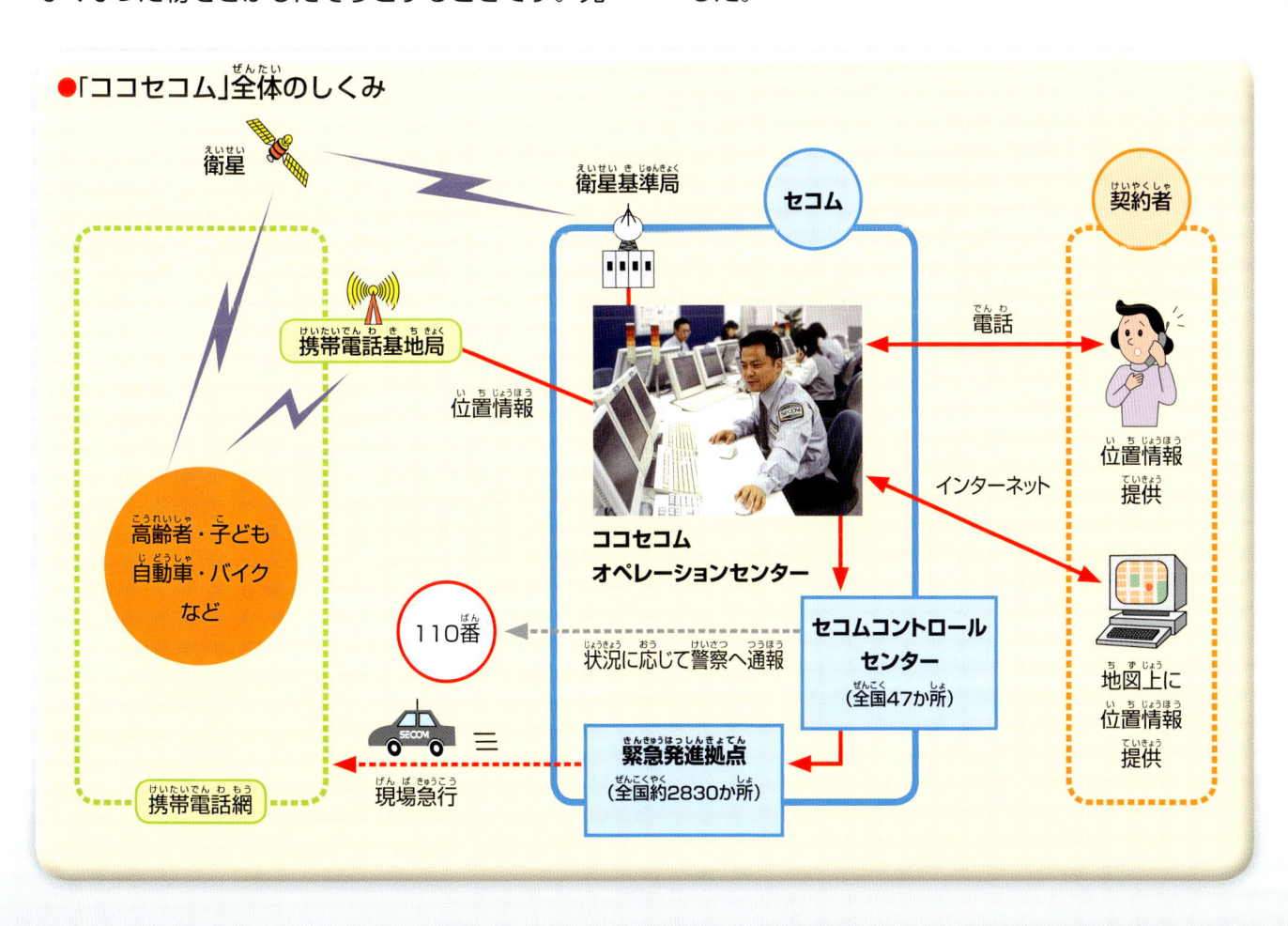

25

●「ココセコム」全体のしくみ

衛星 — 衛星基準局 — セコム — 契約者

携帯電話基地局 — 位置情報

高齢者・子ども 自動車・バイク など

携帯電話網 — 現場急行

ココセコム オペレーションセンター

セコムコントロールセンター（全国47か所）

緊急発進拠点（全国約2830か所）

状況に応じて警察へ通報 — 110番

電話 — インターネット — 位置情報提供 — 地図上に位置情報提供

11 防災と地理情報サービスの取りくみ

"ALL SECOM"(→p4)の7つの事業のなかで、防災と地理情報サービスは、国土や社会全体を守ろうとする取りくみだ。

能美防災とニッタンがセコムグループに

セコムは2006（平成18）年に、その30年前から事業提携をしてきた防災設備のトップメーカー能美防災株式会社（→p34）をグループの一員にむかえ、さらに2012（平成24）年には、とくに防火設備に実績をもつニッタン株式会社を同じくグループにくわえました。その結果、セコムの防災事業は、安全・安心な社会をつくる企業として、日本でトップの規模となりました。

▲東京・中央環状線「山手トンネル」を守る能美防災のトンネル防災システム（左）と、ニッタンによる泡系消火設備の消火テストのようす（右）。

能美防災・ニッタンによる防災システムの例

防災システムは、社会生活のさまざまな場面にふりかかる火災などの災害から、人命・資産・ライフライン*を守っています。

*日常生活に不可欠な、水道・電気・ガスなどの供給システムや、電話やインターネットなどの通信設備、鉄道などの物流機関など。

●ビル・地下街防災システム
多くの人が集まるビルや地下街などに火災報知システムを導入し、防災センターで監視。東京駅、京都駅などで採用。

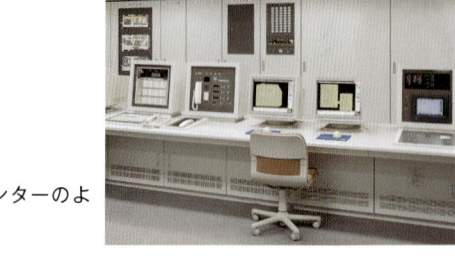

▶防災センターのようす。

●トンネル・橋梁防災システム
にげ場がなく、人命にかかわる可能性が高いトンネルや橋での火災や事故の被害を最小限におさえる防災システム。本州四国連絡橋（瀬戸大橋）にも導入。

▶トンネル内の水噴霧設備。

●空港・競技場・船舶防災システム
空港、競技場、カーフェリーやタンカー、客船、航空機、車両など、火災や事故がおきると深刻な被害につながる場面での防災システムを構築。東京ドームや成田国際空港などにも導入された。

▶ドーム式競技場で利用される放水銃。

見学！日本の大企業 **セコム**

● 文化財防災システム

文化財の美しい外観をそこなうことなく、効果的に消火するシステムを提案。奈良・東大寺、福岡・太宰府天満宮などで採用。

▶ 東大寺に能美防災のシステムが導入。

▲ 2013（平成25）年から噴火して、島をつくってきた小笠原諸島・西之島の噴火活動を、人工衛星から監視する。左は2013（平成25）年11月30日、右は2014（平成26）年1月29日の衛星写真。

地理情報をサービスとして提供する

セコムが取りくむもうひとつの分野が、地理情報サービス事業です。セコムは、地理情報サービスと航空測量で日本のトップ企業である株式会社パスコを、1999（平成11）年にグループにむかえました。現在、パスコが取りあつかう地理情報は、重要な社会インフラ*のひとつとして認識され、国や自治体から地図作製の依頼がきています。

とくに注目されるのが、パスコの衛星事業です。人工衛星から撮影した衛星写真を分析することで、全世界の森林保全のために地表の温度変化を監視したり、災害時に被害状況の情報を集めたりして、国や自治体、研究機関、地球全体を市場とする国際企業など、さまざまな顧客からのニーズにこたえています。また、「ココセコム」などの緊急対処員に目的地までの最短ルートを提供しています。

*インフラストラクチャーの略語。道路・鉄道・港湾・ダム・学校・病院などの、産業や社会生活の基盤となる施設のこと。

▼ パスコが日本での独占販売権をもつ人工衛星のひとつ、TerraSAR-X。地上で1mのものが見分けられる撮影性能をもつ。

▲ パスコによる、航空撮影の作業のようす。

さらに、パスコ本来の空間情報事業の中心となっているのが、航空機による測量です。1953（昭和28）年の創業以来、高度な技術と実績を積みかさね、地図の作成から、川や海岸などの地形の分析・調査、都市計画、道路・鉄道などの路線計画、森林・湖沼などの植生調査まではば広い分野をカバーしています。

©DLR

12 安全・安心を未来へつなげる

安全・安心を社会に提供するため、セコムは創業時代から
つねに独創的な技術で、多くのユニークな商品を開発してきた。
それらは、社会からも個人からも高い評価をえてきた。
その姿勢は、さらに未来へとつづく。

日本初、世界初の安全・安心

1962（昭和37）年に「日本警備保障」として日本初の警備会社をスタート（→p6）させてから、セコムはつねに独創的な技術によって、日本初、ときには世界初の、人びとの安全・安心を守るサービスやシステム、機器などを生みだしてきました。それらのなかには、その後国内から海外へも広がり、国や個人の安全に対する考え方をかえてきたものも多くあります。安全・安心を追いもとめることは、最終的にはすべての人が幸福な生活を送るためのサービスであると考えているセコムは、その姿勢をこれからもずっともち、発展させていこうとしています。

世界のどこにもない技術の開発

技術開発に力をそそぎ、つかう人の立場をつねに考えながらシステムや機器を開発してきたセコムの歴史は、創業者の飯田亮と戸田壽一が「世界のどこにもない会社をつくろう」として、警備業という日本初の仕事をはじめた（→p6）ときからのセコムの経営姿勢そのものです。新しいことをはじめようとするときには、従来のシステムや法律などにあてはまらないことも多く、ときには、行政に認めてもらうために多くの時間とねばりづよい交渉が求められることもありました。しかし結果として、それらが社会に役立つ技術へとつながっています。そのいくつかを紹介します。

● トマホークマッハ

「トマホークマッハ」は、1989（平成元）年に発売した、据え置き型の消火器。だれもがかんたんに片手でつかえ、取っ手のついたホースが火元近くまで10mほどのびる。しかし、従来の消火器とちがい、もち運べない消火器は消防法の国家検定になかなか合格しなかった。子どもや高齢者でもかんたんにつかえることで実績をつくり、その後検定機器として認可された。

ホースをのばして、ノズルを火元に向けて、ボタンをおす

▲写真は日本初の家庭用据え置き型消火器「トマホークマッハⅡ」（左）と、火災を消火するときのつかい方（右）。

● SECOMあんしんガラス

2003（平成15）年に、セコムがガラス業界の企業と提携して開発した「SECOMあんしんガラス」を発売した当時、一戸建て住宅の侵入被害はガラスやぶりによるものが全体の70％以上をしめていた。2枚の合わせガラスのあいだに特殊フィルムをはさんだガラスは、つよい衝撃を受けても貫通しにくい特長をもつ。どろぼうがガラスをやぶろうとしても侵入を阻止できる構造で、防犯性が高い評価を受けた。

▶「SECOMあんしんガラス」は、住宅の新築・建て替えなどに多く採用されている。

見学！日本の大企業 セコム

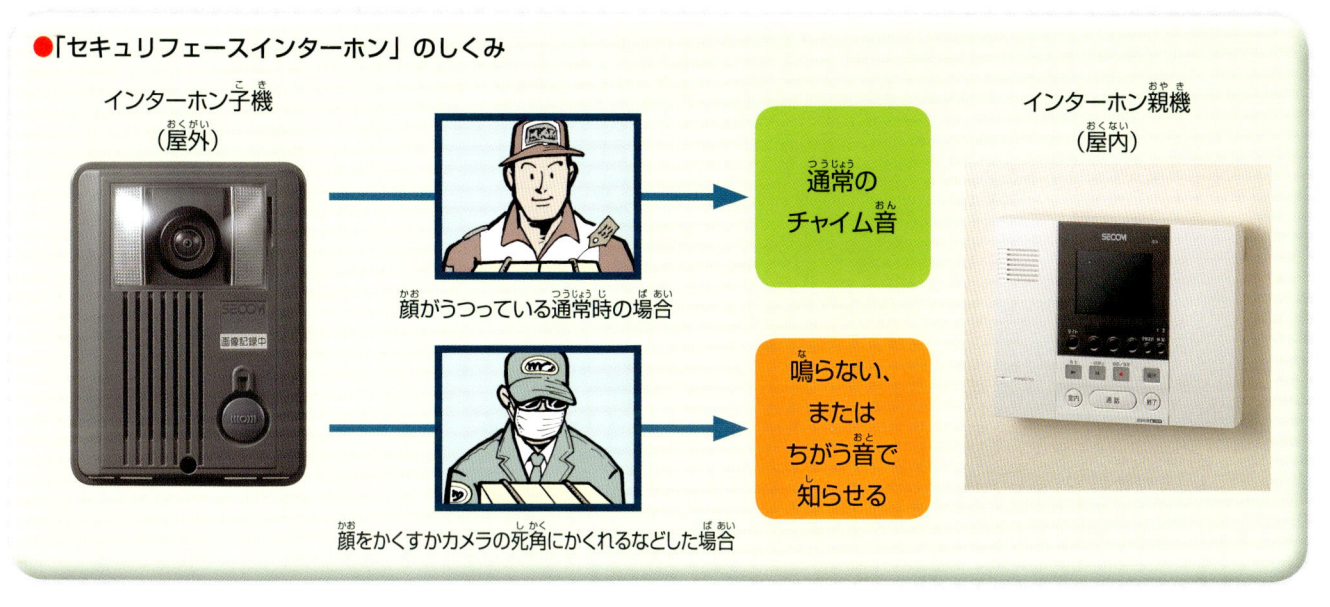

● 「セキュリフェースインターホン」のしくみ

インターホン子機（屋外）　顔がうつっている通常時の場合　→　通常のチャイム音

顔をかくすかカメラの死角にかくれるなどした場合　→　鳴らない、またはちがう音で知らせる

インターホン親機（屋内）

● セキュリフェースインターホン

宅配業者をよそおったり、インターホンで人がいるかどうかを確認したりしてからしのびこむような犯罪を防ぐために開発し、2003（平成15）年に発売したのが「セキュリフェースインターホン」。インターホンのセンサーが顔を検知し、訪問者が顔をかくすような場合は不審者と判断して、ちがったチャイム音で知らせる。屋外にあるインターホン子機のカメラ画像は、通常、太陽光や天候の影響を受けやすく画像の品質が不安定だといわれていたのを、セコムのIS研究所（→p35）が開発した画像分析技術によって解決した。発売以来、犯罪を防ぐために有効だとして、普及が進んでいる。

● セコムロボットX

セコムではオンラインセキュリティシステムをスタートさせた後も、希望する施設などでは常駐警備員による警備をつづけている。しかし、空港など広大な敷地では、数多くの監視カメラや警備員が必要となる。そこで、警備員の仕事をおぎなう、移動する監視カメラの機能をもつロボットを開発した。2005（平成17）年に発表された「セコムロボットX」は、いくつかのすぐれた機能をもっている。

▼屋外巡回監視ロボット「セコムロボットX」。

効率的な走行：プログラムされたスケジュールどおりに、人間の歩くはやさで巡回する。不審者がいた場合、時速10km程度で走って、追跡する。

死角や危険な場所も確実に監視：固定カメラや人の目では死角になるような場所や、立ち入り危険区域なども、20m先の人の顔が識別できるカメラで監視する。

犯罪を阻止する：侵入者がいた場合、管制室からリモコンで、音声やランプ、発煙装置などを利用して、威嚇する。

出入口の管理：門やとびらの前に停車させることで、訪問者や車のナンバーなどを画像で監視し、記録。音声通話も可能。

● 小型飛行監視ロボット

セコムが2012（平成24）年に試作機を発表した、ヘリコプター型のロボットは、民間防犯用としては、世界初となる自律*型の小型飛行監視ロボットであり、セコムの画像分析技術、ロボット技術などを結集したものだ。オンラインセキュリティシステムと組みあわされ、異常が発生したら、自動で飛行して不審者を追跡し、特徴などを画像で記録してセコムに送信する。今後、さまざまな場面での活躍が期待されている。

＊自身の行動を判断し、みずからコントロールすること。

▼セコムが開発した、小型飛行監視ロボット。

13 セコムのCSR活動

"CSR"*とは、企業の社会的責任のこと。
現在、多くの企業でCSRの重要性がさけばれているが、
事業をつうじて社会とむすびついているセコムにとって、
CSRは事業と切りはなせない関係にある。

セコムの戦略的CSRとは？

　セコムでは現在CSRの取りくみを、戦略的CSRと基盤的CSRのふたつにわけて進めています。戦略的CSRとは、セキュリティ、防災、メディカルなど、"ALL SECOM"(→p4)のネットワークでおこなわれるそれぞれの事業やその組みあわせによって、いつでも、どこでも、だれもが安全・安心にくらせる社会を実現することをさします。そのために必要とされることが、「SPアラーム」の発売以来、オンラインをつうじて蓄積してきた膨大な量の情報を有効に活用して、次に社会で求められるものが何かを適切に判断して、すみやかに提供することです。セコムがめざすのは、「気づいたらセコム」といわれるような、社会に浸透した事業をおこなうことです。

＊英語の"Corporate Social Responsibility"の頭文字。

▲メディカル事業で、顧客に対するさまざまな支援をおこなう「セコムメディカルサポートセンター」は、超高齢社会で役割が高まることが期待されている。

基盤的CSRとは？

　セコムが取りくむCSRのふたつめは、基盤的CSRです。これは、社会から信頼される企業として、さまざまな活動に取りくんでいこうとするものです。そのなかでも、子ども、女性、高齢者を対象として、それぞれの防犯意識を高めるための取りくみに、セコムの社会に貢献しようとする意識がつよく反映されています。

● 子どもに伝える安全・安心

(1) セコム子ども安全教室

　セコムは2006(平成18)年7月から、独自に作成した教材をつかって、子どもたちへの安全啓発活動をおこなっている。この安全教室は、保護者、PTA、学校などからの要請を受けて開催される。幼稚園から高校までの学校やイベント会場などで、子どもたちと保護者、学校の教職員などを対象に、セコム社員が先生となって、子どもが犯罪にまきこまれないためのポイントを説明する防犯授業をおこなう。

▲2000(平成12)年に開設した「セキュアデータセンター」では、顧客企業のサーバーを安全に守るため、大地震などの災害時にそなえた、国内最高水準のセキュリティ対策がとられている。(サーバーとは、インターネットなどで、ほかのパソコンにさまざまな機能やサービスを提供するコンピューターのこと。)

見学！日本の大企業 セコム

▲寸劇など動きを取りいれた防犯授業のようす。

(2) セコム子をもつ親の安全委員会
子どもをもつセコムの社員で構成される委員会で、2005（平成17）年にもうけられた。子ども向けの防犯絵本や防犯アニメーションをつくって、子どもが危険をさける方法や自分で身を守る方法を広く知らせようとしている。また保護者向けに、子どもを守る安全対策を学べる本もつくっている。

(3) 安心子育て応援サイト「子どもの安全ブログ」
安全技術の研究をしているIS研究所（→p35）で、セキュリティについての専門相談やセミナーの講師をしている研究員によるブログ*1。子どもの防犯を身近なものと考えてもらうために、身のまわりで実際におきた事例などをまじえて、わかりやすく防犯対策を紹介している。2006（平成18）年に開設してから、毎週1回更新している。

*1 ブログとは、ウェブサイトの一種。個人や数人のグループで運営される日記形式のもので、情報提供や意見交換などのコミュニケーションができる機能がある。

▼「子どもの安全ブログ」のなかでは、町の安全マップをつくって、子どもの通学や習い事の帰りなどに注意するポイントを、親が子どもといっしょに学べるように提案している。

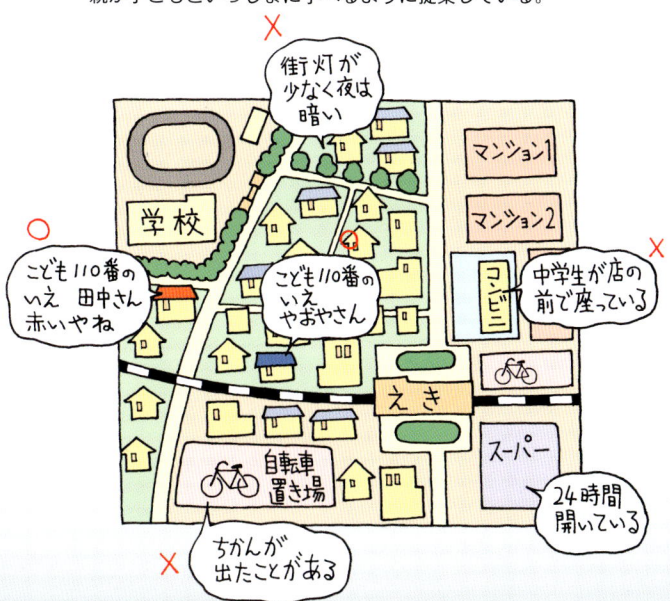

●女性に伝える安全・安心

(1) セコムはたらく女性の安全委員会
セコムの女性社員にIS研究所の研究員をくわえた7～8名で、2007（平成19）年に設置。はたらく女性ならではの視点と安全のプロの立場で、はたらく女性の生活を、防犯という切り口から考える。女性のための防犯本をつくったり、インターネット上に防犯サイト「女性のためのあんしんライフnavi」を開設したり、防犯セミナーをおこなったりして、犯罪の実情と防犯対策を伝える啓発活動をおこなっている。

▲女性のための防犯セミナーを開催している。

防犯・防災対策情報サイト「女性のためのあんしんライフnavi」は、女性ならではの視点で、はたらく女性たちが安心して生活できるように応援する。女性の防犯・防災対策の短い記事や、ちかん・どろぼう・ひったくり・ストーカー*2などの犯罪の実情と対策を紹介する。また、災害へのそなえと災害が発生したときの対処方法、防犯ブザーから非常持ちだしぶくろまでの防犯・防災グッズの紹介など、女性の安全・安心に役立つ情報を提供する。

*2 特定の個人に異常なほど関心をもち、しつこくつきまとう人。

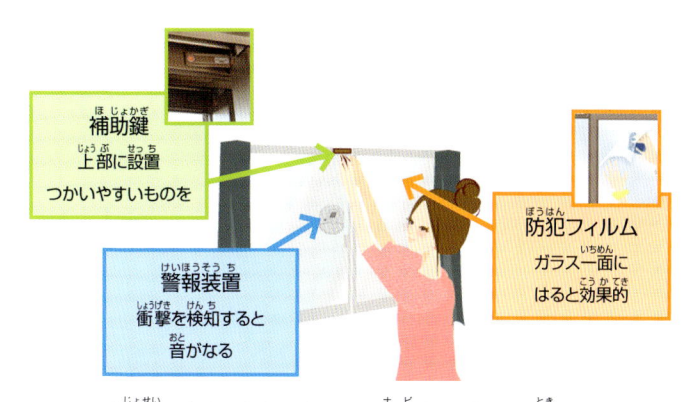

▼「女性のためのあんしんライフnavi」の『こんな時どうする？防犯対策ファイル』から"住宅侵入、しのびこみ対策"の例。若い女性がすぐに取りいれやすい、窓ガラスの防犯対策などを教えてくれる。

31

(2) ピンクリボン運動

セコムグループのセコム損害保険株式会社では、2004（平成16）年から、乳がんの正しい知識を広め、早期発見のたいせつさを伝えて、乳がん検診をすすめる活動である「ピンクリボンフェスティバル」に協賛している。社員は多くの人びとにこのメッセージをつたえるために、名刺にピンクリボンマークやメッセージを印刷するなど、さまざまな啓発活動をおこなっている。

▲このマークは、ピンクリボンフェスティバル（日本対がん協会など主催）のもの。

高齢者に伝える安全・安心

(1) セコム・シニア*1 の安全を考える委員会

高齢者をねらった犯罪の被害を防ぐために、2009（平成21）年に設置。安全のサービスや商品を提供してきたプロとして、高齢者向けの防犯・防災対策の本をつくったり、セコムのホームページ上で高齢者の安全・安心なくらしに役立つ情報を発信したりしている。

(2) がんばるシニアの応援サイト「おとなの安心倶楽部」

2010（平成22）年に開設したセコムホームページ上で、高齢者のための情報を発信する。長嶋茂雄氏のインタビュー記事『月刊長嶋茂雄』を連載しているほか、住まいの防犯・防災対策、振り込め詐欺*2 への対策、健康情報、食に関する情報、夏の熱中症対策*3 など、はば広い情報を提供してシニア世代を支援している。

*1 シニアとは、年長者、高齢者という意味。
*2 家族をよそおう電話やにせのはがきなどで相手をだまし、金銭の振り込みを要求する犯罪。
*3 高温や多湿の環境のもとでからだが適応できずにおこる症状の総称。めまい、失神、頭痛、はきけ、あせが出すぎたり出なくなったりして、死にいたることもある。

セコム ミニ事典

日本初のPFI*刑務所

2007（平成19）年4月、セコムをはじめとした12社が共同で、山口県美祢市にPFI刑務所「美祢社会復帰促進センター」を開所した。約28万m²（およそ530m四方に相当）の敷地に建設された受刑者1500名が入所する施設で、セコムは、大規模施設向けに開発した総合的な安全管理システムで施設を管理するほか、200台以上の監視カメラ、手のひら静脈認証システムなど、セコムの研究者たちが開発してきたさまざまな技術を刑務所の運営に役立てて、安全管理や総務の支援、刑務作業の支援などをおこなっている。これらは、受刑者の更生をうながして再犯を防止することによって、犯罪をへらし安全・安心な社会をきずくというねらいがある。現在は、栃木県でも同様の運営をおこなっている。

* "Private Finance Initiative" の頭文字。民間の資金や経営力・技術力を活用することで、公共施設の建設や維持管理・運営を効率的におこなう事業の方法。

▼美祢社会復帰促進センターの外観。

◀セコムのシニア向け情報ページ「おとなの安心倶楽部」トップページ。

見学！日本の大企業 セコム

もっと知りたい！
緊急対処員のいま

セコムのオンラインセキュリティシステムをささえる緊急対処員は、現在、緊急時に現場にかけつけるだけでなく、安全と安心にかかわるさまざまな役割をはたしています。そのいくつかを紹介します。

さまざまなニーズに対応する

緊急対処員の第一の役割は、コントロールセンターの管制員（→p13）からの指示のもとに、異常信号が発信された企業や家庭などの現場へかけつけて、必要な対処をすることです。そのほかにも、以下のような役割をはたしています。

◀ 緊急対処員は、指示を受けて現場に急行し、報告する。

● セキュリティ機器の点検
設置されたセンサーなどに異常がないかを定期的に点検するほか、機器の異常や使用法についての問いあわせにも対応する。

●「ココセコム」の緊急対処
「ココセコム」（→p24）を装着した人や物の位置を確認してほしいと要請を受けたら、「ココセコム」の位置情報をたどって、現場にかけつける。

▶ 緊急対処員が子どもの位置をつかんで、見つける。

●「セコム・マイドクタープラス」の緊急対処
「セコム・マイドクタープラス」（→p21）の契約者からの要請で、契約者の急病時や緊急時に、自宅や外出先にかけつける。緊急対処員は転倒対応の訓練も受けているので、高齢の契約者が転倒しておきあがれない場合も、安全に対応する。

▶ 高齢者などの緊急時に、現場にかけつける。

● AED講習の実施
セコムではAEDのレンタルサービスを提供する（→p21）だけでなく、AEDを使用できる人をふやすことにもつとめている。要請に応じて、AEDや救命処置法の出張講習もおこなう。

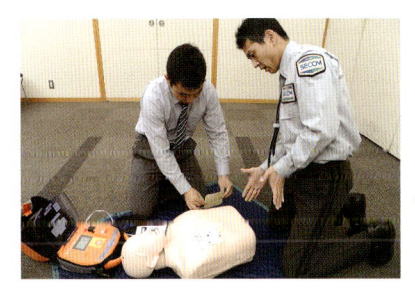

◀ AED使用法の出張講習で、緊急対処員が実演するようす。

●「セコム安心マイカー保険」
「セコム安心マイカー保険」（→p22）の契約者からの要請で、交通事故の現場に24時間365日体制でかけつける。必要に応じて警察や救急への通報、レッカー車の手配などをおこなう。

▶ 事故などのときに、緊急対処員がかけつける。

資料編①

安全技術の開発にかける

警備サービス業のセコムは、大手防災機器メーカーと提携するなどして技術開発をつづけ、日本初・世界初のシステムも生みだしました。そのいくつかを見てみましょう。

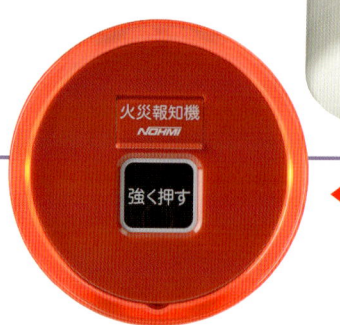

■能美防災との提携

のちにセコムグループの一員になる能美防災株式会社は、1916（大正5）年に大阪で創業した、防災設備の日本のトップメーカーです。創業者は、1923（大正12）年に発生した関東大震災※で多くの人命が失われたのを見て、火災をふせぐ研究に取りくむようになったといいます。

現在の事業は、火災報知機や火災警報器、スプリンクラーなどの個人住宅用の機器から、大規模商業施設などのための防火関連設備の開発と取りつけ、さらにトンネル、船舶、工場、文化財向けの防災設備まではば広く手がけています。さらに地震や台風などの災害にそなえた備蓄品なども取りあつかっています。この能美防災と、事業内容として関連する部分が多く、機種開発のノウハウなどをわかちあう可能性を見いだしたセコムは、1974（昭和49）年に業務提携しました。能美防災は2006（平成18）年にセコムグループにくわわってからも、防犯技術と防災技術を融合した新商品を開発しつづけています。

◀▲街じゅういたるところにある火災報知機（左）の多くに、"NOHMI"（能美）の文字が入っている。上は煙感知器。

＊ 9月1日に神奈川県相模湾を震源に発生した、マグニチュード7.9の大地震。地震と、その後に発生した火事により、東京を中心に大きな被害がもたらされた。

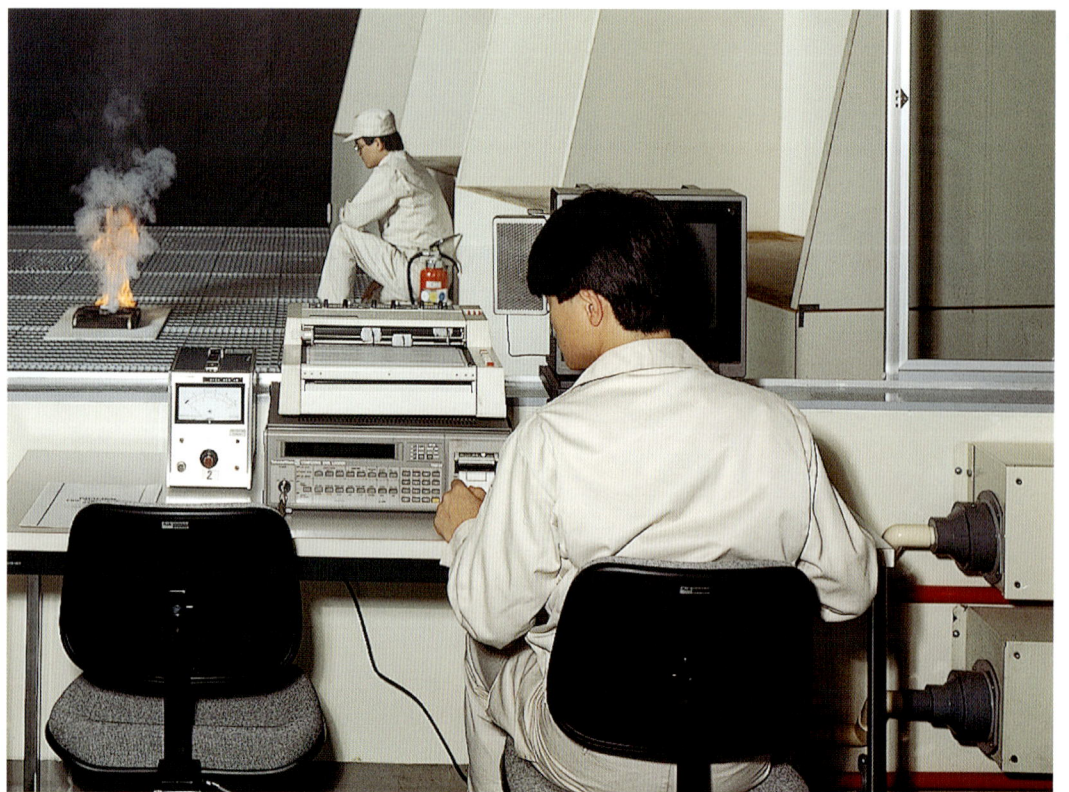

◀能美防災メヌマ工場のクリーンルームでの火災実験のようす。

▶セコム開発センターの電波暗室で実験をおこなう、開発スタッフ。

■「セコム開発センター」

　1966（昭和41）年に「SPアラーム」を開発・発売（→p10）して以来、セコムでは自社内で研究・開発できるように、技術部門をもうけ、技術者の育成に取りくんできました。1979（昭和54）年に技術部門を独立させたのにつづいて、1981（昭和56）年には東京都三鷹市に「セコムTEセンター」を開設。開発部門をいっそう強化し、のちには、開発部門の組織を「セコム開発センター」とよぶようになりました。優秀な技術者が多く集まる開発センターからは、超高層ビルやショッピングセンターなどの大型商業ビル向けに開発した総合的な安全管理システムや、家庭用安全システム「セコム・ホームセキュリティ」、指紋で個人を識別する出入管理システム「セサモ-ID」（→p15）など、日本初、世界初のセキュリティシステムや防犯機器が次つぎと生みだされています。以下はその一部です。

● **コンビニエンスストア（コンビニ）向けのセキュリティシステム**
店員が少ない夜間のコンビニでは、現在「セコムIX*1」のシステムが安全を守る。店内に不審者がいて店員が不安を感じる場合に「要請ボタン」をおすと、セコムに店内の画像と音声が送信され、状況に応じてスピーカーで警告したり、緊急対処員がかけつけたりする。

● **銀行、郵便局の防犯システム「CDプロテクター」**
施設内のCD（→p11）やATM（現金自動預け払い機）を簡単にはこわれないしくみにしたもの。特殊な鋼材と高度な断熱材をつかっていて、20分程度ではこじ開けられない。強盗が入っても、犯人が逃走する前にセコムの緊急対処員や警察官がかけつけられる可能性が高まった。

■「IS研究所」での先端研究

　セコムには、実用的な研究開発をおもにおこなう開発センターとは別に、基礎研究が必要なテーマに長期で取りくむ「IS研究所」とよばれる施設があります。ここに集まった優秀な研究者たち*2は、それぞれの研究テーマに取りくんで、さまざまなユニークな成果をきそうように発表しています。そのテーマは以下のようなものです。

● **画像情報処理研究**
監視カメラがうつしだす画像から侵入者を検知する画像センサーの開発など。

● **ロボット研究**
自走ロボット、半自律ロボット、多関節ロボットの製作など。

● **人工知能研究**
コンピューターなどで、人間と同様の知識を人工的に実現させようとするこころみなど。

● **音声情報処理研究**
音声の合成、個人の識別など。

▲屋外巡回監視ロボット「セコムロボットX」は、IS研究所と開発センターで開発された。

▲手が不自由な人の食事を助ける「マイスプーン」は、2002（平成14）年、IS研究所と開発センターの連携で開発された。

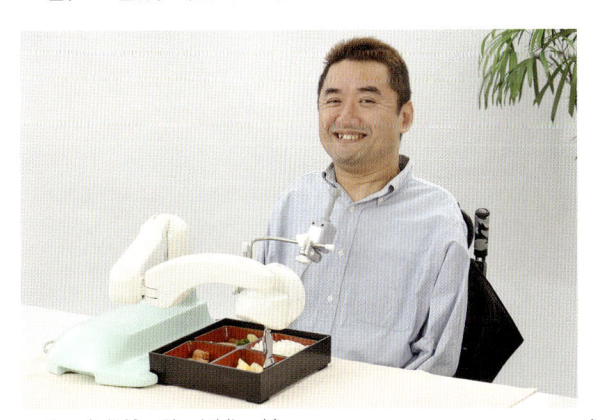

*1 IXの「I」は、「相互にやりとりする」という意味の"Interactive"の頭文字。

*2 2015（平成27）年現在で、開発センターでは約300名の技術者が、IS研究所では約130名の研究員が研究・開発に取りくんでいる。「IS」とは"Intelligent Systems"のことで「知的なシステム」を意味する。

資料編❷

過去から未来へ

セコムの取りくみは、創業以来つねに業界をリードし、社会をかえてきました。現在も進化をつづけるオンラインセキュリティシステムと、未来への動きを見てみましょう。

■オンラインセキュリティシステムの普及

　1966（昭和41）年に発売されたセコムの「SPアラーム」は、「ザ・ガードマン」（→p9）で有名になった警備業のイメージを、大きくかえるものでした。企業などで、守衛や社員の宿直といった方法で夜間に施設を守ることがあたりまえだった時代に、警備員の巡回からさらに進んで、センサーやコントローラーといった機械が監視するシステムを提案したのです。「SPアラーム」は、24時間365日休みなく見守りつづけ、万が一のときには緊急対処員が急行するという、世界的に見ても画期的なオンラインセキュリティシステムでした。それでも初期はそのシステムに関する理解が進まず、国内での普及はなかなか進みませんでした。下のグラフからは、そんな初期の苦労が見てとれます。

　しかし現在、オンラインを利用したこのセキュリティシステムは、企業から家庭、さらには高齢者や子どもを見守ることから防災システムへと応用範囲がどんどん広がり、日本が国際的に安全な国として認められることにも貢献することになりました。

● セキュリティシステムの契約件数のうつりかわり

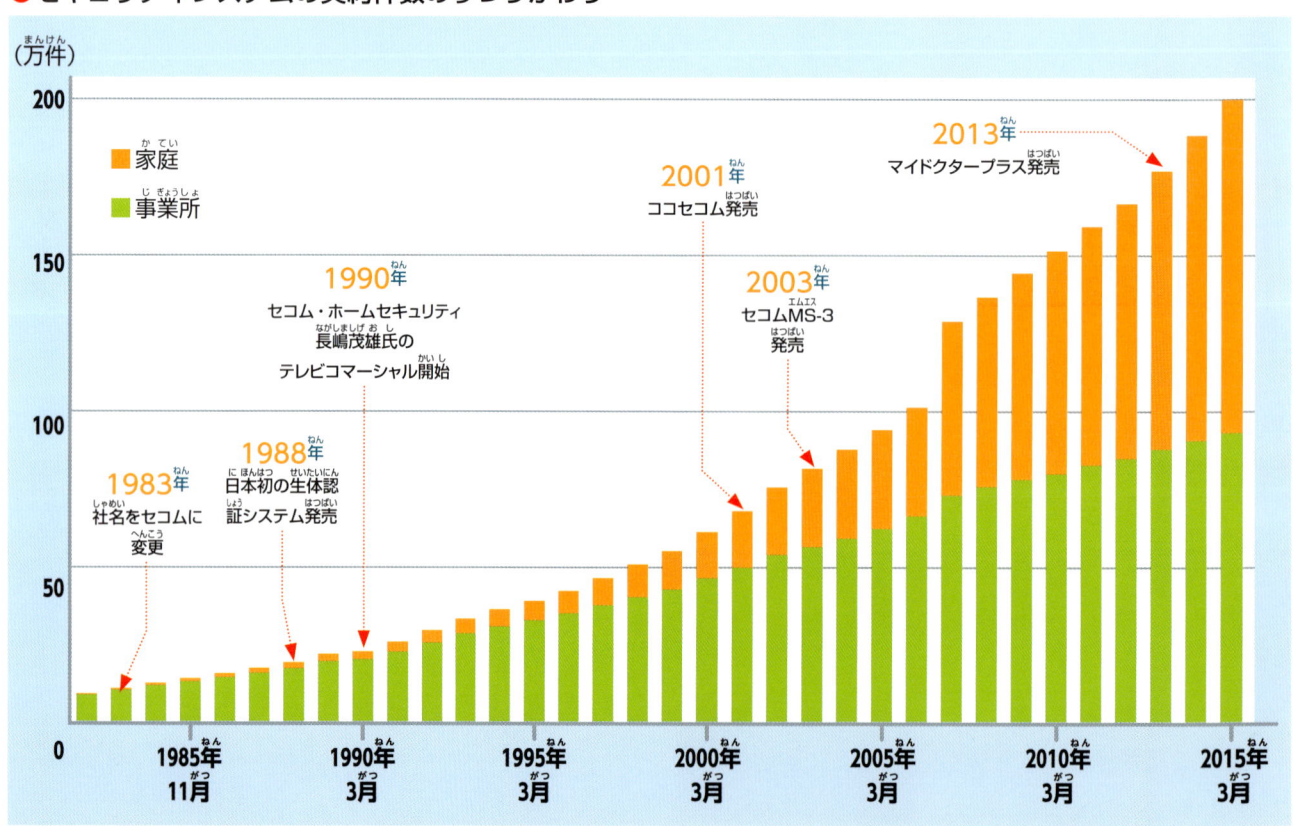

（万件）

凡例：家庭／事業所

年表注釈：
- 1983年　社名をセコムに変更
- 1988年　日本初の生体認証システム発売
- 1990年　セコム・ホームセキュリティ　長嶋茂雄氏のテレビコマーシャル開始
- 2001年　ココセコム発売
- 2003年　セコムMS-3発売
- 2013年　マイドクタープラス発売

横軸：1985年11月／1990年3月／1995年3月／2000年3月／2005年3月／2010年3月／2015年3月

※1990年から3月期に決算期変更、2007年3月から集合住宅契約戸数をふくむ。

見学！日本の大企業 セコム 資料編

■あらゆる高さから見守る

　セコムは未来へつながる取りくみとして、さまざまな高度から集めた情報をつかってわたしたちの生活を守る、総合的なシステムづくりをしています。これもまた、創業当時からつねに、人びとが安全・安心にくらせる社会をつくることをめざして、さまざまな新技術を開発・製品化してきた、セコムの企業姿勢のあらわれです。2014（平成26）年12月に発表した「セコム飛行船」は、民間の防犯用としては日本初のもので、セコムがもつ画像分析の技術や、飛行ロボット技術などがもりこまれています。上空から広い地域を監視することで、防犯にくわえ、道路の混雑状況や災害発生時の被災状況などの画像情報をもたらして、精度の高い災害情報がえられるなどの期待がよせられています。

●さまざまな高度で活躍する、セコムの安全を守る技術

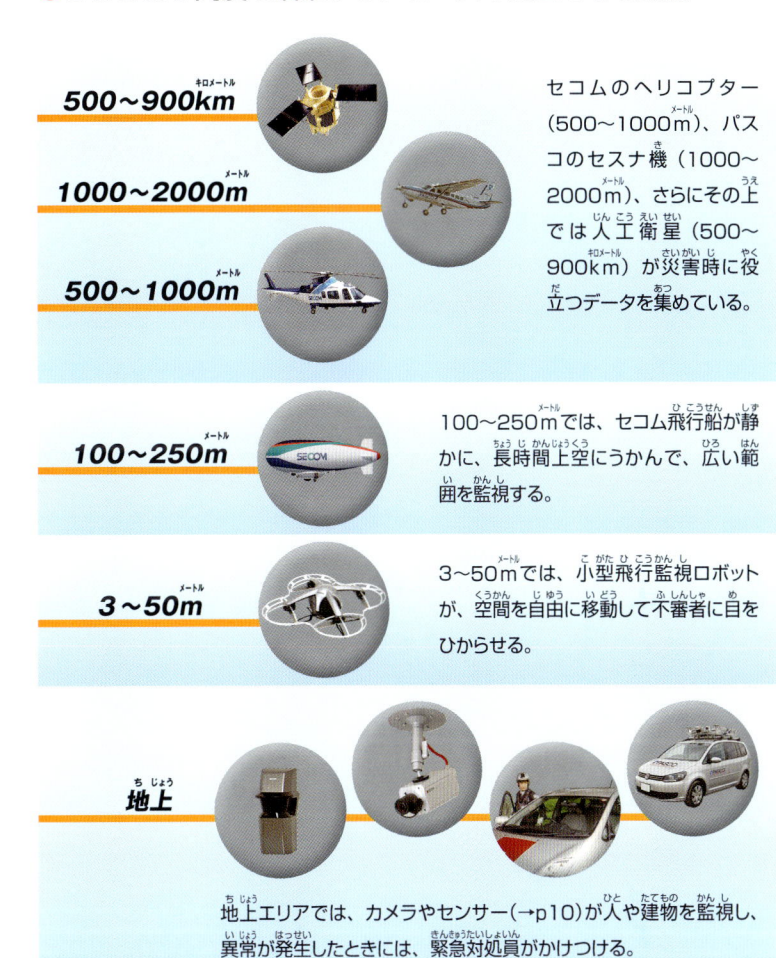

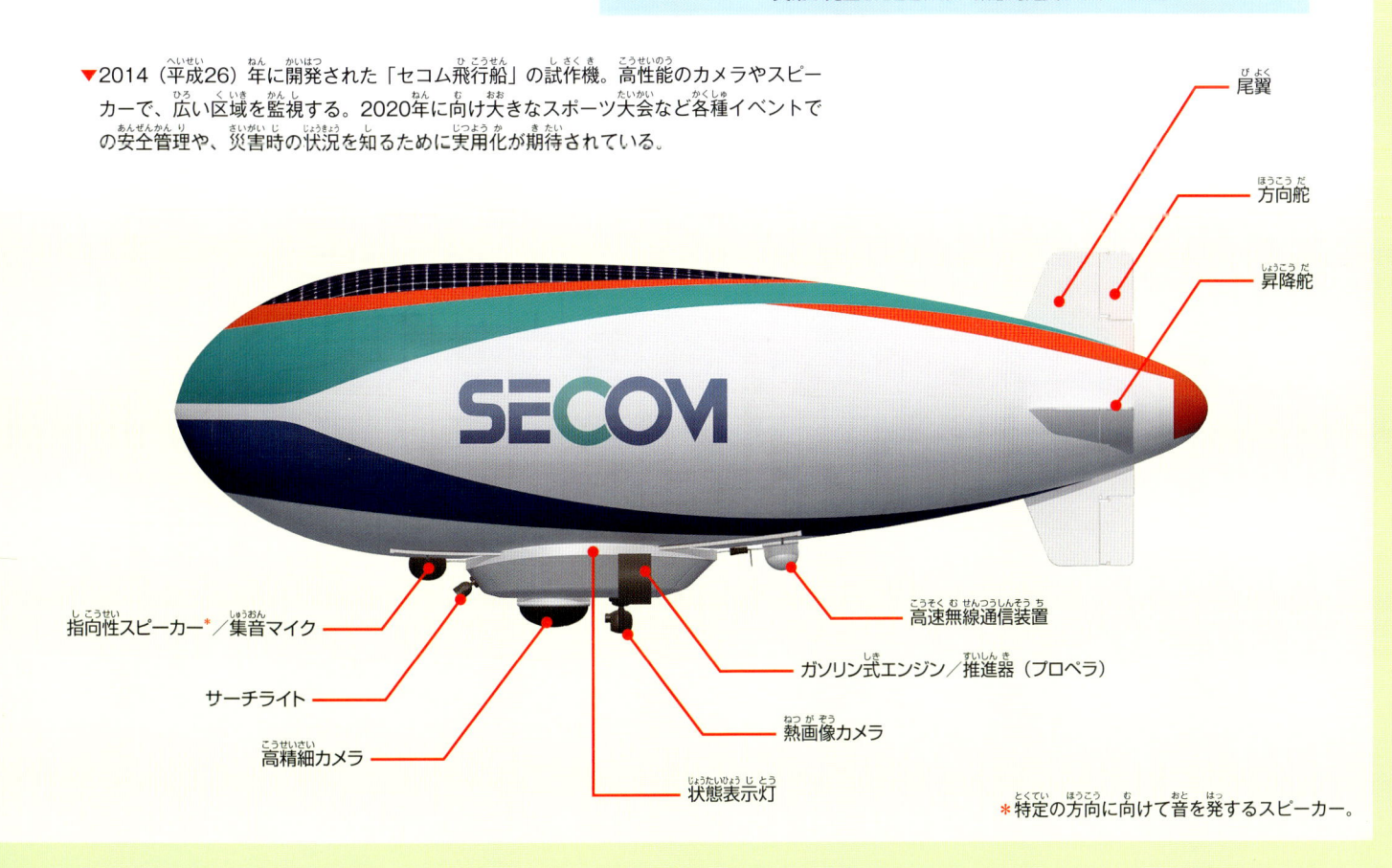

- 500～900km
- 1000～2000m
- 500～1000m

セコムのヘリコプター（500～1000m）、パスコのセスナ機（1000～2000m）、さらにその上では人工衛星（500～900km）が災害時に役立つデータを集めている。

- 100～250m

100～250mでは、セコム飛行船が静かに、長時間上空にうかんで、広い範囲を監視する。

- 3～50m

3～50mでは、小型飛行監視ロボットが、空間を自由に移動して不審者に目をひからせる。

- 地上

地上エリアでは、カメラやセンサー（→p10）が人や建物を監視し、異常が発生したときには、緊急対処員がかけつける。

▼2014（平成26）年に開発された「セコム飛行船」の試作機。高性能のカメラやスピーカーで、広い区域を監視する。2020年に向け大きなスポーツ大会など各種イベントでの安全管理や、災害時の状況を知るために実用化が期待されている。

- 尾翼
- 方向舵
- 昇降舵
- 指向性スピーカー*／集音マイク
- サーチライト
- 高精細カメラ
- 状態表示灯
- 熱画像カメラ
- ガソリン式エンジン／推進器（プロペラ）
- 高速無線通信装置

＊特定の方向に向けて音を発するスピーカー。

37

さくいん

ア

IS研究所（アイエスけんきゅうしょ） ・・・・・・・・・・ 29, 31, 35
安全・安心（あんぜん・あんしん） ・・・・・・・・ 4, 15, 16, 17, 18, 19, 20, 22, 23, 26, 28, 30, 31, 32, 37
「安全産業」元年（あんぜんさんぎょうがんねん） ・・・・・・・・・・・・・・・・ 19
飯田（亮）（いいだまこと） ・・・・・・ 6, 7, 8, 11, 16, 18, 22, 28
AED（エイイーディー） ・・・・・・・・・・・・・・・・・・・・ 21, 33
SPアラーム（エスピーアラーム） ・・・・・・・ 8, 10, 11, 13, 14, 18, 19, 30, 35, 36
エスワン ・・・・・・・・・・・・・・・・・・・・・・・・・・・ 16
大阪万国博覧会（おおさかばんこくはくらんかい） ・・・・・・・・・・・・・ 5
"ALL SECOM"（オールセコム） ・・・・・・・・・・・・・ 4, 26, 30
おとなの安心倶楽部（おとなのあんしんくらぶ） ・・・・・・・・・・・・・・ 32
オンライン（サービス） ・・・・・・・・・ 14, 16, 20, 21, 22, 30, 36
オンラインセキュリティシステム ・・・・・・・ 4, 5, 8, 10, 11, 12, 13, 16, 17, 18, 22, 24, 25, 29, 33, 36

カ

家庭用セキュリティシステム（かていよう） ・・・・・・・・・・・ 14, 18
緊急対処員（きんきゅうたいしょいん） ・・・・・・・・・・・ 10, 11, 12, 13, 17, 18, 19, 22, 23, 24, 25, 27, 33, 35, 36, 37
緊急発進拠点（きんきゅうはっしんきょてん） ・・・・・・・・・ 10, 13, 16, 17, 24
警備員（けいびいん） ・・・・・・・・・・・ 4, 6, 7, 8, 12, 29, 36
警備サービス（けいび） ・・・・・・・・・・・・・・・ 4, 8, 34
警務士（けいむし） ・・・・・・・・・・・・・・・・・・・・ 7
現送警備員（げんそうけいびいん） ・・・・・・・・・・・・・・ 12
ココセコム ・・・・・・・・・・・・ 13, 24, 25, 27, 33
コントローラー ・・・・・・・・・・・・・・・・ 10, 36
コントロールセンター ・・・・・ 10, 11, 13, 18, 19, 33

サ

在宅医療（ざいたくいりょう） ・・・・・・・・・・・・・・・・・・ 20, 21
ザ・ガードマン ・・・・・・・・・・・・・・・・・・ 9, 36
CSS（シーエスエス） ・・・・・・・・・・・・・・・・・・・・・・ 11
CDセキュリティパック（シーディー） ・・・・・・・・・・・・ 11
CDプロテクター（シーディー） ・・・・・・・・・・・・・・・・ 35
守衛（しゅえい） ・・・・・・・・・・・・・・・・・・・・・・ 6, 36
宿直（しゅくちょく） ・・・・・・・・・・・・・・・・・・・・・ 6, 36
巡回警備（じゅんかいけいび） ・・・・・・・・・・・・・ 7, 8, 10, 11
常駐警備（じょうちゅうけいび） ・・・・・・・・・ 4, 8, 9, 10, 11, 12
常駐警備員（じょうちゅうけいびいん） ・・・・・・・・・・・・・・ 12, 29
生体認証（せいたいにんしょう） ・・・・・・・・・・・・・・・・・・・ 15
セキュリティ ・・・・・・・・・・・ 4, 5, 10, 13, 14, 15, 16, 17, 19, 22, 25, 30, 31
セキュリティ機器（きき） ・・・・・・・・・・・・・・・ 13, 33
セキュリティサービス ・・・・・・・・・・・・ 4, 12, 14
セキュリティシステム ・・・・・・・・・ 5, 15, 17, 19, 23, 35, 36
セキュリフェースインターホン ・・・・・・・・・・・・ 29
SECOMあんしんガラス（セコム） ・・・・・・・・・・・・ 28
セコム安心マイカー保険（あんしん・ほけん） ・・・・・・・・ 22, 33

38

セコム安心マイホーム保険	22
セコムMS	15
セコム開発センター	35
セコム、してますか？	19
セコム中国有限公司	17
セコム飛行船	37
セコム方式	13, 16, 17
セコム・ホームセキュリティ	5, 13, 14, 15, 18, 19, 35
セコム・マイドクタープラス	21, 33
セコム薬局	21
セコムロボットX	29
セサモ-ID	15, 35
センサー	10, 13, 16, 17, 29, 33, 35, 36, 37

タ

中興保全	16
地理情報サービス	4, 5, 26, 27
東京オリンピック	5, 9, 10
戸田（壽一）	6, 7, 28
トマホークマッハ	28

ナ

長嶋茂雄	19, 32
ニッタン株式会社	26
日本警備保障	6, 7, 8, 9, 10, 11, 12, 14, 28
ネットワーク社会	14

能美防災株式会社	26, 34

ハ

パスコ	27, 37
PFI刑務所	32
飛行監視ロボット	29, 37
ピンクリボン運動	32
防災	4, 5, 12, 18, 23, 26, 30, 31, 32, 34
防災システム	4, 26, 27, 36
防災設備	12, 26, 34
訪問看護	20, 21

マ

マイアラーム	18
マイドクター	18, 19, 21
前金制	7, 8
マンション用セキュリティシステム	15, 23
美祢社会復帰促進センター	32
メディカル事業	4, 5, 20
メディコム	22, 23

39

■ **編さん／こどもくらぶ**
「こどもくらぶ」は、あそび・教育・福祉の分野で、こどもに関する書籍を企画・編集しているエヌ・アンド・エス企画編集室の愛称。図書館用書籍として、以下をはじめ、毎年5～10シリーズを企画・編集・DTP製作している。
『家族ってなんだろう』『きみの味方だ！ 子どもの権利条約』『できるぞ！ NGO活動』『スポーツなんでも事典』『世界地図から学ぼう国際理解』『シリーズ格差を考える』『こども天文検定』『世界にはばたく日本力』『人びとをまもるのりもののしくみ』『世界をかえたインターネットの会社』（いずれもほるぷ出版）など多数。

■ **写真協力**（敬称略）
セコム株式会社、公益財団法人 日本対がん協会、
フォトライブラリー、©paylessimages-fotolia.com

■ **企画・制作・デザイン**
株式会社エヌ・アンド・エス企画
吉澤光夫

この本の情報は、2015年6月までに調べたものです。
今後変更になる可能性がありますので、ご了承ください。

見学！ 日本の大企業 セコム

初　版	第1刷	2015年8月25日		
編さん	こどもくらぶ			
発　行	株式会社ほるぷ出版			
	〒101-0061 東京都千代田区三崎町 3-8-5			
	電話　03-3556-3991		印刷所	共同印刷株式会社
発行人	高橋信幸		製本所	株式会社ハッコー製本

NDC608　275×210mm　40P　　ISBN978-4-593-58722-3　Printed in Japan

落丁・乱丁本は、購入書店名を明記の上、小社営業部宛にお送りください。送料小社負担にて、お取り替えいたします。